刑事法学系列通俗读本

总主编 张 晶
副总主编 胡配军 宋 行

KEXUERENZHIXINGFA

科学认知刑罚

主编 刘 毅 张 立

江苏人民出版社

序

让理论之树长青

张晶

几经努力，“刑事法学系列通俗读本”终于出版了。

这套丛书，定位于通俗图文普及读本。这也是我迄今为止读到的国内第一套此类型的教科书。在此之前的几乎所有教科书，都是晦涩的和冷冰冰的。或者说，用传统的审视教科书的眼光来评判这套丛书，也许是不合格的，甚至是离经叛道的。

为什么传统的教科书会有如此的境地或者窘相呢？无他。因为，在人们的观念里，一门学科的严谨性就在于它超强的逻辑性和论证的晦涩性。也许，晦涩总是与难懂联系在一起的。所以，很多的理论并不能被公众掌握，而只能在少数被称之为“精英”的人的手里。还因为，掌握的人属于少数人，因此，理论不能被广泛传播，从而使之不能产生本来应该更加广泛的影响，也不能转化为理性的行动。

还因为，人们也总是以为，只有在冷板凳上，才可以做学问、搞学术，所以，在冷板凳上搞出来的理论，当然也不会冒着热气。加之逻辑的引入、概念的解构、原理的展开、证据的演绎、结论的证出，这些苏联式的教科书结构，听起来都让人发怵。

本套丛书的作者，为什么要冒着不伦不类的风险、顶着离经叛道的压力，来做这样的一套丛书呢？

当然，来自于对传统教科书的厌倦。这里的厌倦，甚至还不是对传统教科书的充满了僵硬观念、充斥着古板说教的一种抗议和不满，更是对学习苏联教科书编写模式的一种谴责和声讨。除此，也来自于职业学校广大学生的需求。职业学校学生，几乎是当下应试教育的失败者和牺牲品。他们之所以选择到职业学校来“求学”，是因为没有实现老师的愿望，没有实现家长的期待，没有进入重点高中，其实很大程度上，这是现有的教育模式、教材模式惹的祸。他们进入了本不想进的职业学校学习，他们讨厌透了初、高中那样的教学模式和教科书。他们在职业学校的学习，如果继续沿袭他们曾经失败的求学经历，那无疑是让他们再失败一次，或者更加失败。

当然，还有一个由头，那就是按照人们一般的记忆规律而言，鲜活的知识是最容易让人记忆的。一门学科为什么不能告别晦涩、告别冷冰冰，来得更加鲜活一点呢？更何况职业学校的学生，就是要熟练掌握职业技能，而技能的获取，就是靠鲜活的、具有温度的、有趣的历史掌故、轶闻、名人名言来串联。

这就对了。

我们的目标是：

让严肃并且有些冷冰冰的刑事法学理论，变得可爱和好玩起来！真的让理论之树长青！

为此，我们做了以下努力：

以社会主义法治理念作引领。坚持中国特色社会主义是我们始终高扬的旗帜。

以古今中外法治理论作支撑。坚持改革开放，学会融会贯通是我们始终明晰的思路。

以通俗易懂、活泼生动的图文作载体。坚持让学生愿学、爱学、好学是我们始终坚守的追求。

创新是客观的。创新的结局无非是两个：一个是突破前人的更大的成功；一个是失败。而惟其创新，失败的可能性更大。

不过，我们努力了！我们无悔！当然，我们还要继续努力，争取让瑕疵更少一些，让成功更多一些！

我们热切地期待着读者的评判。

是为序。

（张晶：江苏省司法警官高等职业学校党委书记、校长，研究员、二级作家。）

目录

第一章

刑罚是什么

刑罚是什么，中外法学界对此有着不同的理解。传统的西方法哲学家的主流观点认为，刑罚是一种社会责任，更是一种必要的恶；而我国大陆以及台湾地区和日本学者的主流观点则认为，刑罚是对法益的剥夺或制裁。基于此，本章拟对各家各派观点做简要介绍，并结合我国刑罚的历史及现状，确定刑罚的概念及特征。

一、刑罚是一种强制措施

刑罚是国家以法律的名义惩罚犯罪的一种强制措施。其既体现着国家统治权、控制权和管理权的统一，又是刑罚创制权、刑罚裁量权和刑罚执行权的结合。

古代中国，刑是指肉刑、死刑；罚则指以金钱赎罪。后泛指依照法律对违法者实行的强制处分。《尚书·吕刑》记载："刑罚世轻世重，惟齐非齐，有伦有要。"①《史记·吕太后本纪》中提及"刑罚罕用，罪人是希"②。《旧唐书·韦凑传》曰："善善者，悬爵赏以劝之也；恶恶者，设刑罚以惩之也。"③因而，在古代中国，刑罚一词便被赋予了强制的内涵。

意大利著名法学家贝卡利亚（Cesare Beccaria，1738—1794）认为，刑罚是一种易感触的力量——用来阻止个人专横的心灵把社会的法律重新沦入古时的混乱之中。他把刑罚视为犯罪的一种政治阻力，只是强调刑罚化是不必要的，就是专制的。④而英国法理学家边沁则明确地把刑罚视为一种必要的恶，使刑

① 钱玉林、黄丽丽：《中华古代文化辞典》，第518页，济南，齐鲁书社，1996。

② 刘庭华：《老子之道：为人处世的智慧与方法》，第47页，北京，红旗出版社，2011。

③ 武汉大学中国文化研究院：《郭店楚简国际学术研讨会论文集》，第191页，武汉，湖北人民出版社，2000。

④［意］贝卡利亚：《论犯罪与刑罚》，黄风译，第11页，北京，中国法制出版社，2005。

罚彻底功利化。

日本学者冈田庄作认为："刑罚有两种意义。一是广义的刑罚，是指对反社会秩序的一切违法行为的制裁。在此意义上，民法、商法及其他法律中的罚款，诉讼法上的秩序罚、强制罚或公法上的惩戒罚，亦为刑罚。二是狭义的刑罚，是指对一个人犯罪的制裁，国家根据裁判机关剥夺其法益的制度。刑法上的刑罚，指此狭义的刑罚。"①

我国台湾地区学者刘清波认为刑罚是犯罪的法律效果，高仰止则认为刑罚是国家对犯罪人的制裁。②大陆地区刑法学家普遍认为刑罚是法院依法对犯罪人采取的强制措施。

《中国大百科全书（法学）》对刑罚的现代化定义是："统治阶级维护其阶级利益和统治秩序的一种重要手段，规定在刑法中由法院以国家的名义依法适用，用以同犯罪行为做斗争的最严厉的强制处分。"③

因此，立足两千多年刑罚传统和我国刑罚规制的现状，本书认为刑罚实际上是指法院依照法律规定对犯罪人实施刑事处罚的一种强制措施。

小贴士

无疑每个人都希望交给公共保存的那份自由尽量少些，只要足以让别人保护自己就行了。这一份份最少量自由的结晶形成刑罚权。④

——［意］贝卡利亚

（一）国家统治权、控制权、管理权的统一

1. 刑罚是统治阶级以国家的名义，实行惩罚犯罪的一种强制方法。法律是治理社会的工具。在一个安定和法治的社会，在一国的法律体系中，最为严苛的治理规定是刑法。刑法是规范犯罪和刑罚的法律，是执政者为了实现执政目标，根据其治理理念、思想和目标，规定哪些行为是犯罪并应当负何种刑事责任，给予犯罪人何种刑事处罚的法律。缺少了刑罚措施的法院判决只是一纸空文，没有任何强制力。因此，刑罚是保证对犯罪人进行惩罚的一种强制，更是治国理政的强有力工具。

① 马克昌：《刑罚通论》，第 9 页，武汉，武汉大学出版社，2007。

② 高铭暄、赵秉志：《刑罚总论比较研究》，第 31 页，北京，北京大学出版社，2008。

③《中国大百科全书（法学）》，第 648 页，北京，中国大百科全书出版社，1984。

④［意］贝卡利亚：《论犯罪与刑罚》，黄风译，第 11 页，北京，中国法制出版社，2005。

拓展阅读

缇萦上书

公元前167年，临淄太仓令淳于意，因不喜官场尔虞我诈，继而弃官从医。一日，一医患不治身亡，其夫状告淳于意，贿赂地方官吏判其“肉刑”，押解至长安。

其小女淳于缇萦因不堪父亲受此酷刑，遂独自离家去长安，托人写了一封奏章呈给汉文帝。奏章中写道：“我叫缇萦，是太仓令淳于意的小女儿。我父亲做官的时候，齐地的人都说他是个清官。这回他犯了罪，被判处肉刑。我不但为父亲难过，也为所有受肉刑的人伤心。一个人砍去脚就成了残废，割去了鼻子，不能再按上去，以后就是想改过自新，也没有办法了。我情愿给官府没收为奴婢，替父亲赎罪，好让他有个改过自新的机会。”

汉文帝接到奏章，知道上书的是个小姑娘，倒很重视，看了奏章，又觉得她说的有道理，于是召集群臣：“犯了罪该受罚，这是没有话说的。可是受了罚，也该让他重新做人才是。现在惩办一个犯人，在他脸上刺字或者毁坏他的肢体，这样的刑罚怎么能劝人为善呢。你们商量一个代替肉刑的办法吧！”

大臣们一商议，拟定一个办法，把肉刑改用打板子。原来判砍去脚的，改为打五百板子；原来判割鼻子的改为打三百板子。于是汉文帝正式下令废除肉刑。这样，缇萦成功解救了她的父亲。

2. 刑罚是国家对社会采取的一种控制措施。离开了刑罚，社会将会处于失控而无序的状态。刑罚是国家管理者为维护社会秩序而制定的各种具有暴力性的控制手段。这种暴力控制透射出的威慑力，令公众望而生畏，从而使社会从无序甚至危险的状态走向有序而安定的状态，稳定了社会基础，同时更强化了管理者的权力、权威。任何国家，刑罚都是最重要的管理工具。

随着社会的发展，刑罚的严密精细成为必要。从一般的社会事务管理到严重扰乱社会秩序的行为，都覆盖了刑罚的烙印。

值得注意的是，刑罚也有干预有违道德的行为的取向。

拓展阅读

交通管控刑罚的演变

2011 年 2 月 25 日第十一届全国人民代表大会常务委员会第十九次会议通过的《刑法修正案（八）》新增第一百三十三条之一，置于现行《刑法》第一百三十三条的交通肇事罪之后，规定“在道路上驾驶机动车追逐竞驶，情节恶劣的，或者在道路上醉酒驾驶机动车的，处拘役，并处罚金。有前款行为，同时构成其他犯罪的，依照处罚较重的规定定罪处罚。”从而改变了醉酒驾车等危险驾驶行为所造成的交通混乱状态。

2011 年 9 月 13 日，公安部下发了《关于公安机关办理醉酒驾驶机动车犯罪案件的指导意见》，就进一步规范现场调查、办案期限、立案侦查等方面提出了要求。

3. 刑罚是衡量一个国家管理文明程度的标志。从刑罚就是死刑，到新的刑罚措施——监禁刑的出现，再到刑罚非监禁化、刑罚替代措施的使用，刑罚经历了从野蛮到文明，从严苛到轻缓漫长的演化过程，特别是近些年非犯罪化、非刑罚化、非监禁化的提出，更是体现了现代文明国家对社会管理日趋人性化，罪犯人权日益得到保障的景象。

一个法治健全、管理严密，并且以人为本的社会，其管理的措施势必越来越严密而精细。小到交通违法，大至打砸抢盗，都被刑罚所覆盖。不过，一个期待刑罚愈严厉，社会就愈和谐的观念是错误和有害的。中外实践证明，一个依赖刑罚严厉实现社会和谐的理想，从来就没有实现过。

拓展阅读

西方“家庭监禁刑”

家庭监禁刑的出现，改变了传统的刑罚在监狱执行的方式，通过维持矫正对象的主要社会关系和社会支持网络的方式，重塑矫正对象的健康人格，实现刑罚个别化，避免家庭破裂，有效阻断常规监禁环境中的“交叉感染”，并能降低改造罪犯的成本。

（二）刑罚创制权、刑罚裁量权和刑罚执行权的统一

1. 刑罚创制权是国家最高权力机关创制刑罚的权力。

刑罚创制权有以下特点：

（1）这项权力只有国家立法机关才能行使，在我国则由全国人民代表大会及其常务委员会行使；

（2）创制的刑罚通常是系统地规定在刑法典中，但有的单行刑事法律也会作补充或修改性规定；

（3）创制的刑罚内容很多，主要包括刑种、刑罚体系、刑罚的目的、量刑的原则和情节、刑罚执行方法等等。

链接

中国刑法典——《中华人民共和国刑法》

1979年7月1日第五届全国人民代表大会第二次会议通过

1997年3月14日第八届全国人民代表大会第五次会议修订

1997年3月14日中华人民共和国主席令第八十三号公布自1997年10月1日起施行

《中华人民共和国刑法修正案》（1999年12月25日第九届全国人民代表大会常务委员会第十三次会议通过）修正

《中华人民共和国刑法修正案（二）》（2001年8月31日第九届全国人民代表大会常务委员会第二十三次会议通过）修正

《中华人民共和国刑法修正案（三）》（2001年12月29日第九届全国人民代表大会常务委员会第二十五次会议通过）修正

《中华人民共和国刑法修正案（四）》（2002年12月28日第九届全国人民代表大会常务委员会第三十一次会议通过）修正

《中华人民共和国刑法修正案（五）》（2005年2月28日第十届全国人民代表大会常务委员会第十四次会议通过）修正

《中华人民共和国刑法修正案（六）》（2006年6月29日第十届全国人民代表大会常务委员会第二十二次会议通过）修正

《中华人民共和国刑法修正案（七）》（2009年2月28日第十一届全国人民代表大会常务委员会第七次会议通过的修订）

《中华人民共和国刑法修正案（八）》（2011年2月25日第十一届全国人民代表大会常务委员会第十九次会议通过的修订）

2. 刑罚裁量权是代表国家权力的法院，在认定犯罪人有罪的基础上对其是否判刑以及判处什么样的刑罚予以决定的权力。

刑罚裁量权有以下特点：

（1）这项权力只有法院才能行使，其他任何国家机关都不能行使该权力；

（2）刑罚裁量只能在法院认定犯罪人有罪的基础上进行，若确认被告人的行为不构成犯罪，则无刑罚裁量权的存在；

（3）是否判处刑罚是刑罚裁量权的首要内容。在确定被告人的行为构成犯罪后，应由法院裁量是否需要判处刑罚，如果情节轻微不需要判处刑罚或具有免除处罚情节的，判决宣告免除处罚；

（4）判处什么样的刑罚是刑罚裁量权的关键内容。判处的刑罚种类、判处的刑期、是否缓刑和缓刑考验期的长短以及裁量是否在法定刑之内等等，都是衡量法院能否正确行使刑罚裁量权的重要指标。

3. 刑罚执行权是特定机构根据法院的判决将对犯罪人判处的刑罚付诸现实执行的权力。刑罚执行权是刑罚裁量权的延伸，没有刑罚的执行，刑罚的裁量就无法落实。

刑罚执行权有以下特点：

（1）这项权力由特定的机构执行。我国的刑罚执行机构主要是看守所、监狱、未成年犯管教所、人民法院和社区矫正部门等。

公安机关负责被判处拘役、剥夺政治权利等刑罚的执行；

被判处有期徒刑的罪犯，在被交付执行刑罚前，剩余刑期在三个月以下的，由公安机关看守所代为执行。

监狱负责被判处死刑缓期二年执行、无期徒刑、有期徒刑的执行。

未成年犯管教所是负责关押并改造不满十八周岁的未成年犯的刑罚执行机关。

人民法院负责罚金、没收财产、死刑的执行。

县级司法行政部门社区矫正机构，负责管制、缓刑、假释、监外执行等刑罚的执行。

（2）执行刑罚的根据是法院的生效判决。没有法院的判决或者法院的判决没有判处刑罚，则不发生刑罚执行权的问题。

（3）执行的必须是刑罚。执行非刑罚处理方法，不是执行刑罚。非刑罚处理方法，是指人民法院根据案件的不同情况，对免除刑罚处罚的犯罪人，给予刑罚以外的实体上的处罚。法院可以直接适用或者建议主管部门适用该种处罚方法。根据刑法第三十七条的规定，非刑罚处罚方法主要包括训诫、责令具结悔过、赔礼道歉、赔偿损失、行政处罚或行政处分。

- 刑罚
  - 刑罚的种类
    - 主刑
      - 管制
      - 拘役
      - 有期徒刑
      - 无期徒刑
      - 死刑
    - 附加刑
      - 罚金
      - 剥夺政治权利
      - 没收财产
      - 驱逐出境
  - 刑罚的具体运用
    - 重刑情节
      - 累犯
      - 自首
      - 六功
      - 数罪并罚
      - 缓刑
    - 行刑情节
      - 假释
      - 减刑
    - 时效

图 1–1　刑罚结构图

拓展阅读

上海提篮桥监狱①

号称为远东第一大监狱、东方巴士底狱的提篮桥监狱是系外国殖民主义者侵犯中国司法权的产物。近半个世纪内，提篮桥监狱先后历经公共租界工部局、日本人、汪伪政府和国民政府的“四朝”统治。1949 年 5 月，上海解放的第二天，上海市军事管制委员会派员接管了提篮桥监狱，经过了改造、清理和整顿，使它成了人民民主专政的工具。让老建

图 1–2　上海提篮桥监狱外景

① 徐家俊：《提篮桥监狱》，第 1 页，北京，中国文史出版社，2011。

筑发挥了新功能。上海解放六十余年来，提篮桥监狱为打击犯罪、维护社会稳定，改造教育犯人起到了积极作用。较长时间内，在上海人的口语中，“提篮桥”就是监狱的代名词。提篮桥监狱不仅具有重要的司法功能，而且还具有重要的文化和历史价值。1994 年 2 月，提篮桥监狱已被上海市人民政府列为“上海近代优秀建筑保护单位”，也是中国目前唯一一座在原地保存完好并使用至今、具有百年以上历史的大型老监狱。

二、刑罚是一种社会责任

对于社会来说，使犯罪人重返社会是刑罚的一种责任。因为只有这样才能避免犯罪人永久性地在犯罪之中不能自拔，致使其更加具有危险性，更加不易改正。

刑罚是犯罪的后果，也是社会运行和社会存在的一部分。如果刑罚没有得到社会公众的认同，没有遏制犯罪人的人身危险性，那么刑罚无以承担其社会责任。

在传统的中国社会中，统治者往往希望通过刑罚来控制犯罪，维护社会的稳定。但是，犯罪是犯罪个体的不健康人格与行为人外在因素与社会关系结合的结果。因此，要真正达到对犯罪的控制，最重要的是处理好犯罪个体与社会之间的关系。德国社会学家齐美尔认为，“由个人组成的社会和社会化的个人总是保持着一种双重关系：他被结合在社会里面，又和社会相对应；他既内在于社会，同时又外在于社会；他既为社会而存在，同时又为了自己而存在。”①因而，刑罚不仅仅是对犯罪个体的一种矫正，更是对社会的一种防卫。

（一）国家防卫社会的必要手段

犯罪是无法根除的，刑罚存在的唯一根据就是防卫社会。刑罚的目的不是防卫法律秩序，而是保护社会免遭犯罪人再犯之害。故而，刑罚是管理者防卫社会的必要手段。

龙勃罗梭和菲利等人的思想已具有现代刑罚的基本精神——通过刑罚减少再犯罪率，维护社会的稳定。刑罚的最终目的是为了防卫社会，通过刑罚的

① [美] 乔治·瑞泽尔：《布莱克维尔社会理论家指南》，凌琪、刘仲翔译，第 253 页，南京，江苏人民出版社，2009。

实施对犯罪人进行矫正，改变其犯罪心理和犯罪人格，从而复归社会。因而，更应强调刑罚的个别预防手段，防止一般预防与报应刑主义相结合，陷入滥用权力的威吓主义中去。

所谓个别预防又称特殊预防，是指通过对犯罪人适用、执行刑罚，防止其重新犯罪。个别预防的对象只能是犯罪人，即实施了危害行为，依法应当承担刑事责任的人。个别预防最初是通过对犯罪人的肉体折磨而实现的，例如亡者刖足、盗者截手、淫者去势等等，使犯罪人丧失犯罪能力。随着人类文明的发展，人道主义的兴起，这些残酷的刑罚受到猛烈抨击。以矫正为基础的近代个别预防得以产生。矫正注重消除犯罪人的人身危险性，通过生理与心理的矫治方法，使犯罪人复归社会。

所谓一般预防是指通过制定、适用和执行刑罚，阻却社会中潜在的犯罪人走上犯罪道路。一般预防的对象不是犯罪人，而是没有犯罪的社会成员。一般预防的核心是威吓，威吓是借助于刑罚对社会成员产生的一种威慑阻吓效应。古代社会刑罚威吓是建立在恐怖之上，并以人的肉体为祭品，这是一种感性的威吓。以恐怖为特征的刑罚威吓是专制社会的特征。当各种专制社会需要以恐怖来维持的时候，刑罚就成为制造恐怖的工具。以肉体威吓为特征的专制社会刑罚的一般预防目的，在 18 世纪经由启蒙运动的努力，形成以心理威吓为特征的市民社会刑罚的一般预防理念的建立。其中，费尔巴哈的心理强制说最为著名。费尔巴哈提出了“用法律进行威吓”这句名言，认为为了防止犯罪，必须抑制行为人的感性的冲动，即科处作为恶性害的刑罚，并使人们预先知道因犯罪而受刑的痛苦，大于因犯罪所能得到的快乐，才能抑制其心里萌发犯罪的意念。在费尔巴哈的心理强制说之后，又发展出追求多元的一般预防作用的多元遏制论和以忠诚为内容的积极的一般预防论。①

个别预防与一般预防在刑罚预防的对象上有所不同：个别预防是以已然的犯罪人为作用对象的，一般预防是以社会上有可能犯罪的人为作用对象的。尽管在预防对象上存在差别，但无论是个别预防还是一般预防，其共同目的都在于预防犯罪，维护社会的稳定。

① 陈兴良：《刑法目的新论》，《刑事法学》，第 5 页，北京，中国人民大学书报资料中心，2001 年第 9 期。

小贴士

犯罪是必然的，社会根治罪犯亦为必要，而惩治罪犯不再对社会作恶，亦为必要。只有这样，刑罚才有功利可言。①

——［意］龙勃罗梭

图 1-3　龙勃罗梭

既然犯罪行为的实施是由其本人的素质、地理和社会环境所决定的，而不是行为人自由意志的结果，那么，就没有理由从道义上加以非难。②

——［德］李斯特

社会应把那些个别行为足以清楚地说明他们缺乏适应能力的犯罪人驱逐出去……③

——［意］加罗法洛

（二）对犯罪人的矫正手段

发生在 17、18 世纪的资产阶级启蒙运动，不仅使犯罪人的权利得到了逐渐的确立和保护，犯罪人的主体地位在启蒙运动中也得到展现。这使得现代的矫正思想不再是简单的中世纪个人赎罪观念的延续，而是现代保障人权思想观念的必然产物。以最小的代价防止犯罪，对犯罪人进行有效地矫正无疑是最实用的防止犯罪的方法。

刑事社会学派代表人物菲利主张个别预防论，其目的在于对犯罪人进行改造，使其人身危险性逐渐消失，从而不再危害社会。菲利主张通过矫正使刑罚的个别预防目的得以实现。但他也指出："在一定程度上根据我们能够测量罪犯道义责任的假设以及在一定程度上根据罪犯一般都可以改造并因而设立监禁和独居制度的幻想而建立起来的现代刑罚制度，绝对不能保护社会免遭犯罪的侵害。"④为此菲利倡导刑罚个别化制度、不定期刑制度和矫正制度。

刑罚个别化——量刑与行刑过程中充分考虑犯罪人的个体特征。菲利提出："除有必要审判犯罪之外还有必要审判罪犯。"⑤这里的"审判罪犯"，就是指根

① 翟中东：《刑罚个别化研究》，第 49 页，北京，中国人民公安大学出版社，2001。
② 张小虎：《刑法的基本观念》，第 127 页，北京，北京大学出版社，2004。
③ 翟中东：《刑罚个别化研究》，第 91 页，北京，中国人民公安大学出版社，2001。
④ 陈兴良：《刑法的启蒙》，第 217 页，北京，法律出版社，1998。
⑤ 陈兴良：《刑法的启蒙》，第 215 页，北京，法律出版社，1998。

据犯罪人的个人特征适用刑罚，即刑罚个别化。但菲利不同意过于极端的行刑个别化："我们必须避免走向两个极端：刑罚的均衡性和在美国监狱学者中特别时髦的所谓刑罚的个别化。在对罪犯的个性以及导致其犯罪的环境进行生理的和心理的调查研究之后，对每个罪犯都适用专门的矫正措施很理想，但如果罪犯的数量很大而且管理人真不具备足够的犯罪生物学和犯罪心理学知识。这便是不实际的。"①也就是说这样极端的个别化是难以真正实现的。

不定期刑制度——不定期实际上是相对的，除了极少数不能矫正的以外，对于大多数犯罪人来说仍是有一个期限的，这一期限取决于人身危险性的消除程度。菲利指出："对于遗传的或先天的犯罪人，或者由于习惯或精神病而倾向于犯罪的人犯下的重大罪行，实证派犯罪学主张保留不定期隔离的方式，因为在犯了重大罪行的危险退化者的案件中，规定出期限是不合理的。我们主张，对于天生的或由于疾病引起犯罪的罪犯，不能随便把他们关上一个时期，而应当关到他们能适应正常的社会生活为止。"②

矫正制度——矫正理论将注意力集中在罪犯身上，强调的是对罪犯的再教育，重新培训和再社会化。再社会化意味着犯人重新获得他们在监禁期间失去的技能、装备或能力，使得监狱的性质在根本上发生了变化，从报应的场所转变为救治的场所，从而引发了监狱制度的变革。菲利认为，根据古典学派理论建立的现行监狱制度引人注目地失败了，再犯不是例外而成为规律。③菲利还主张在关押期间，要采用科学的方法对犯罪人进行矫正，具有现代教育刑的意蕴。如今，矫正制度已成为西方监狱管理的代名词。

拓展阅读

矫正的来源

矫正的思想源远流长，在古希腊时代就已经存在。在"美德是可以学习的"观点的影响下，当时的经院哲学已经提出了一种与中世纪毁灭罪犯肉体的刑罚实践相反的主张，即刑罚至少应该用于改造罪犯。从柏拉图到后来的阿奎那都曾经表示过国家不仅应该惩罚犯罪人，还应该强迫犯罪人变得更好。惩罚作为教育的理念还影响到了中世纪教会法，惩罚作为医治灵魂的良药根基于圣经中遭受痛苦以赎罪和实现人与上帝的和解的思想，这对犯罪人也是有利的。处于

① 陈兴良：《刑法的启蒙》，第 216 页，北京，法律出版社，1998。

②③ 陈兴良：《刑法的启蒙》，第 217 页，北京，法律出版社，1998。

进入现代社会时期的托马斯·莫尔爵士第一次提出剥夺个人自由作为启动重新教育的惩罚方式。第一批矫正机构出现在15世纪，由于政治动荡、宗教变革和经济混乱导致犯罪发展到顶峰，城市里出现了许多失业者，都铎王朝为失业者设计了严厉的处罚，没有工作的人受到像罪犯一样的待遇，被鞭打、侮辱，最后被赶进第一批矫正机构教养院和习艺所。但是这一时期的矫正机构只有矫正之名，没有矫正之实，在最初的监禁刑时期，矫正的思想根本没有可能被贯彻，相反拘留所和监狱是真正的地狱，只有身体和意志最强者才能存活下来。自由刑尽管产生的时间比较早，但是作为以教育、矫正、再社会化为目的的现代意义上的自由刑始见于16世纪以后的刑法史。直到此时矫正的思想和原则才开始初步具有实际意义。①

三、刑罚是一种必要的恶

贝卡利亚把刑罚视为对犯罪的一种政治阻力。他看到了刑罚滥用的副作用，但并没有把刑罚本身看作一种恶，只是认为只有必要的刑罚才是公正的。

边沁则明确地把刑罚视为一种必要的恶，使刑罚彻底功利化。他认为“刑罚的类别与罪行的类别是一样的。司法者或违法者所造成的同样之恶将构成一个刑罚或罪行。恶的性质是相同的。”②

他认为，“下列之恶是每种刑罚所具有的：第一，强制之恶。它根据受禁止事务有权享用的快乐程度向累犯适用或多或少之痛苦。第二，刑罚所产生之苦。当刑罚被实际执行时皆如此。第三，恐惧之恶。那些已经违反法律或害怕随之而来的指控者必然遭受此种痛苦。第四，错误控告之恶。这种恶专属于刑法，而且尤其是那些含糊不清之刑及虚假之罪。人们的普遍憎恨经常使受到指控或责难的嫌疑犯及被告人处于一种可怕的形势下。第五，衍化之恶。发生在受到法律制裁者之父母或朋友身上。上述是立法者在规定刑罚时应该时刻注意的恶或‘代价’。”③

边沁认为，刑罚方法同样是有用的，尽管犯罪已被制止，被害人也得到补偿，但仍然需要防止出于同一罪犯或者其他罪犯的类似的犯罪。有两种途

---

① 康伟：《论刑罚的矫正功能：在理想与现实之间》，《南昌大学学报（人文社会科学版）》，第68页，南昌大学学报（人文社会科学版）杂志编辑部，2009年第5期。

② [英] 边沁：《立法理论刑法典原理》，孙力等译，第81页，北京，中国人民公安大学出版社，1993。

③ 陈兴良：《刑法的启蒙》，第90页，北京，法律出版社，1998。

径达到这一目的，一种是制止罪犯意图，另一种是消除行为能力。消除其再犯意图称作改造；消除其行为能力称作剥夺能力。无论是根据其犯罪意图进行改造还是根据其性质剥夺行为能力，施行的这种方法令人生畏地被称作惩罚。在许多案件中，虽然不可能矫正已经实施的罪恶，但有可能消除其再犯的意图。尽管犯罪能获得很大的快乐，但是，惩罚所造成的痛苦超过实施犯罪所获得的快乐。①矫正——不仅由于害怕再次受罚而且由于性格与习惯的改变从而使罪犯得到改善，这是刑罚的一个伟大价值。通过研究犯罪的动机以及适用可弱化这种动机的刑罚取得上述结果。为实现此目的，矫正院应该对罪犯进行分离监禁，以便对不同道德条件之人可以给予不同处理。②

边沁将“对改造有帮助性”与“关于剥夺犯罪能力有效性”视为刑罚的必备的特性，用其作为选择与评价刑罚的标准，意味着矫正论与剥夺犯罪能力论的合流，构成近代综合论形成的标志。

综合论实现了刑罚的个别预防功能的互补。矫正论主要奠基于对刑罚的矫正功能的认识与追求之上，虽然赋予了刑罚以积极性，但其对不可矫正的犯罪人无能为力。与此相反，剥夺犯罪能力论注重的只是刑罚剥夺犯罪能力的功能，虽然不产生对无法矫正的罪犯无能为力的问题，但不可避免的对本可矫正者不予矫正而造成刑罚资源的浪费与对犯罪人权益的过分剥夺。边沁的综合论因主张对不同的犯罪人适用不同的刑罚而对刑罚的矫正与剥夺犯罪能力功能予以兼固，从而实现了刑罚个别预防功能的互补。因而，既不产生对不可能矫正者无能为力的问题，又不至于像单纯的剥夺犯罪能力论一样因忽视对犯罪人的改造而造成刑罚的浪费。

（一）消除再犯意图

边沁系统化地提出了犯罪的预防对策，特别是其中的消除再犯意图，主张通过对人们的客观行为与主观意图发生作用，使其服从法律，避免受到邪恶的诱惑，依靠人们的意志和知识进行自我约束的方法。以消除再犯意图为重心的积极特殊预防具有巨大的优点，因为它作用于犯罪人个人，使得或者试图使得犯罪人在未来过上遵守法律的生活。这种重新社会化的思想代表了刑罚的人道性。

---

① 陈兴良：《刑法的启蒙》，第89—90页，北京，法律出版社，1998。

② 陈兴良：《刑法的启蒙》，第97页，北京，法律出版社，1998。

拓展阅读

通过刑罚消除再犯意图

图 1-4　十字架刑

十字架刑相传是由腓尼基人发明，在古代埃及、地中海沿岸及中东国家运用得十分普遍。刑具的十字架通常由两到三根木桩构成 --- 如果是四边形十字架甚至有四根，形状各异。有的是 T 形，有的是 X 型，还有 Y 型的。执行方式也有多种，这种残酷的刑罚一直延续到现代。

图 1-5　流放刑

流放是将罪犯放逐到边远地区进行惩罚的一种刑罚。它的主要功能是通过将已定刑的人押解到荒僻或远离乡土的地方，以对案犯进行惩治，并以此维护社会和统治秩序。作为一种刑罚，流放是中国古代法律制度的重要组成部分。流放刑罚在我国起源很早，并且沿用历史悠久，从远古流放之刑出现，到清末被废除，历经了几千年。

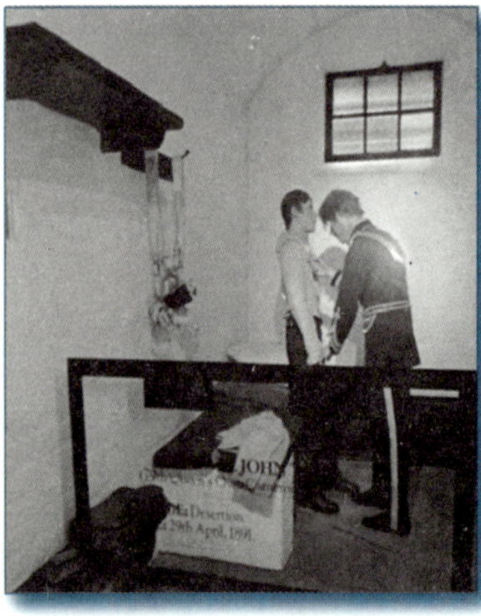

图 1-6　监禁刑

监禁刑，自由刑的一种。在日本等国也称禁锢刑。以对犯罪人施以单纯拘禁为内容的刑罚方法。监禁刑与徒刑有所不同。徒刑在拘禁的同时要强制劳动，而监禁刑则仅限于拘禁，不强制劳动。监禁刑分为无期监禁和有期监禁两种。无期监禁一般在服刑十年以上时，可以假释。有期监禁的上限一般为十五年，下限为一个月。现在在世界各国，单纯的监禁刑已经很少运用，德国等国刑法已取消了这一刑种。另外一些国家也对监禁刑做了改革。如英国刑法规定，可以令被科处监禁刑的犯罪人服劳役。日本现行刑法规定，如果被科处监禁（禁锢）刑的犯罪者本人提出劳动的请求，法院应予允许。

（二）消除行为能力

消除行为能力又称为剥夺再犯能力，是将犯罪人予以监禁或消灭其肉体，从物理上剥夺其再犯的可能。剥夺再犯能力以龙勃罗梭的“天生犯罪人”思想为代表。

龙勃罗梭基于犯罪人及其犯罪遗传原因而形成了剥夺理论，认为犯罪的原因不在于犯罪人自由选择的结果，而是由遗传性和堕落性造成的：遗传性因素包括生理上的缺陷和心理上的特质，而堕落性因素包括身体发育不完全、疾病等，这些因素决定了某些人必然要实施犯罪，这就是所谓的“天生犯罪人”。这些天生犯罪人不是根据威慑心理模式行事，而是受无意识的动机的压抑而行事。对于天生犯罪人要采取隔离、监禁、死刑方法，防止其犯罪。龙勃罗梭这一思想显然是将问题推到了极端。此后，李斯特提出教育刑论，主张不但要根据犯罪人的具体情况进行教育改造，使其尽快复归社会，而且要根据犯罪的社会危险性所侵害社会利益和程度，适用相应的刑罚，以达到保卫社会的目的。①

小贴士

剥夺伤害能力——获得这一结果比上一个相对容易（上一个指矫正）。断肢和终身监禁都具有这种属性。但是，这一准则的精神导致了刑罚的过分严厉性，并由此而导致经常适用死刑。

——［英］边沁

拓展阅读

天生犯罪人

将犯罪、遗传和人格联系起来的先驱是龙勃罗梭，一位自称为犯罪人类学家的意大利医生。龙勃罗梭将其最初的和最基本的假设发表在《犯罪人》一书中。他最初认为，有些人天生具有强烈的反社会行为倾向。龙勃罗梭深受达尔文《人的遗传》一书的影响，尤其是该书认为有的人天生比别人更接近其原始祖先的观点。龙勃罗梭相信，罪犯代表了一种尚未进化为更高等级的智人的独立物种。这一物种的某些生理和心理遗传特征介于现代人和现代人的原始祖先之间。他把这种进化上发生停滞的物种叫作智人犯罪人，认为他们是文明人

① 高铭暄：《刑法学原理》第3卷，第34—35页，北京，中国人民大学出版社，2005。

里的变异。龙勃罗梭收集了大量意大利罪犯和军人（非罪犯）的生理数据。他认为可以用某些异常的生理特征来辨别犯罪人，如不对称的颅骨、平坦的鼻子、大耳朵、厚嘴唇、巨大的下巴、高颧骨以及蒙古人种的眼睛等。不仅如此，犯罪人还被称为“天生犯罪人”，他们与文身、“残忍的游戏”、纵欲、满口黑话等有密切关系，所有这些都被视为向蛮荒时代的倒退。

（三）刑罚的限度

残酷的刑罚曾经在中世纪盛行一时。这种残酷的刑罚是没有差别的赤裸裸的暴力。在孟德斯鸠看来，刑罚适用的目的是为了防止犯罪发生，因此，刑罚不是越重越好。刑罚只是防止犯罪的一种措施，是最严厉的措施，应当谨慎使用。他认为，在政治宽和的国家里，人们害怕丧失其生活，甚于畏惧死亡，所以刑罚只要剥夺他们的生活就够了。因此，刑罚是有限度的，不是越重越好。①

刑罚超过必要的限度就是对犯罪人的残酷；刑罚达不到必要限度则是对未受到保护的公众的残酷，也是对已遭受痛苦的浪费。只有在预防犯罪所必要而且有效的限度内，刑罚才是正当的。

国家一方面在禁止他人“为恶”，一方面却又在实施着被它禁止的“恶”，这本身就是矛盾的。但是刑罚的这种“恶”又是国家不得已做出的选择，是一种“必要的恶”。一如医生的职责，给病人打针吃药是在制造一种痛苦，但这种痛苦是在解除病人更大的病痛，如果医生因为顾忌打针吃药给病人带来的痛苦而停止医治，那么病人将会永远生活在病痛当中。对于国家而言，如果因为顾忌刑罚的“恶”而不实施这种“恶”，那么“世界就将变成抢劫的舞台，社会就会分裂”。由于刑罚会带来恶害，因而这种“必要的恶”对国家而言是一种不得已的“恶”，“不得已的恶只能不得已而用之，此乃用刑之道也”，“用之得当，个人与社会两受其益；用之不当，个人与社会两受其害”。因此，刑罚这种“恶”必须要保持在必要的限度内，如果超过“犯罪之恶”或者不足以制止“犯罪之恶”，那么真正的恶行将会肆虐，国家将会为此支付高昂的代价。所以国家在动用这种“必要的恶”的时候，应当考虑到，该“必要的恶”是否为制止某种恶行所必需，该“必要的恶”的发动会不会造成更大的恶，该“必要的恶”的投入量是否与犯罪之恶相适应。只有这种“必要的恶”发动和投入量是必要且适当的，刑罚之“恶”才能控制在一个比较低的水平。

① 陈兴良：《刑法的启蒙》，第25页，北京，法律出版社，1998。

第二章

为什么要有刑罚

一提到刑罚，人们往往不寒而栗，唯恐避之不及。但在现今阶段，社会的发展还无法离开刑罚。为什么呢？本章将从刑罚的功能——惩罚与威慑、公平与正义、自由与秩序三个方面来回答这一问题。

一、惩罚与威慑

（一）刑罚是一种害恶

刑罚是惩罚犯罪人的手段，它以剥夺犯罪人一定的权益为内容。从表现形式上看，它与犯罪行为极为相似；从性质上看，几乎一样，都是对他人利益的侵犯，使人感受到相当的痛苦。就像边沁所言，“刑罚的类别与罪行的类别是一样的。司法者或违法者所造成的同样之恶将构成一个刑罚或罪行。恶的性质是相同的……”①

既然刑罚是一种害恶，为什么国家有权制定刑罚、惩罚犯罪？或者说国家惩罚犯罪的权力从何而来？刑事古典学派认为刑罚的本质在于对犯罪的报应，表明刑罚是国家对犯罪这种危害的反对和否定。

小贴士

惩罚在罪犯看来应该是他的行为的必然结果。

——《马克思恩格斯全集》②

① [英] 吉米·边沁：《立法理论》，李贵方等译，第393页，北京，中国人民公安大学出版社，2004。

②《马克思恩格斯全集》第1卷，第141页，北京，人民出版社，1956。

根据时代的变迁以及报应根据（为何报应）之本源的不同，报应主义经历了三种理论形态：神意报应、道德报应、法律报应。

1. 神意报应。神意报应主义是人类早期的刑罚目的观，最早的形态是替天行罚论。替天行罚论在中外远古法律文本中俯拾即是。被视为考察中国远古法史的重要文献的《尚书》载称："天讨有罪，五刑五罚哉"。[1]西汉董仲舒（前179—前104）更是以先秦儒家天人合一的思想为基础，创造出"天人感应"理论，与其阴阳学说相结合，将天罚思想发展了一大步，为"君权神授"打下了思想基础。秋冬行刑和灾异赦宥等应天行刑的做法便是天罚思想在司法实践中最突出的体现。

古希伯来法中的刑罚神授思想更是深厚。《圣经·出埃及记》记述了刑罚连同法律受之于神的经过：摩西带领在埃及为奴的犹太人迁回迦南，在西奈山上接受了上帝写有"十诫"的两块石板，其中分明规定了"不可杀人"等初始的刑罚条款。

在中世纪乃至近代，神罚论更被理论化。德国神罚论者斯塔尔写道："神之秩序，发现于俗界，是为国家。身体健全，财产保护，家庭秩序，国家存立，寺院存续，莫非神明秩序之基础，有破坏秩序之犯罪人，命令俗界之权力代表者（即国家），加之以刑罚，是即国家刑罚权之所由来也"。[2]

与神罚论相并立或承续的是赎罪论，尤以基督教信条为渊源。基督教神学法学家们提出了刑罚之苦乃为帮助有罪之人赎罪而生的学说。其基本逻辑是：其一，有罪之人死后将入地狱；其二，只有受苦才能赎回有罪者的罪恶；其三，刑罚可给人造成痛苦；其四，给犯罪人以刑罚惩罚是为了帮助其赎罪，以免其死后被打入地狱。[3]

这种宗教赎罪论对后世影响深远，成为立功赎罪思想的渊源。只是立功赎罪剔除了原罪的命题，而只针对犯罪人的"本罪"；让罪犯赎罪的目的也已不再是让其死后免入地狱而上天堂，而是让其取得社会的宽谅或者重新适应社会。但是，它仍然保留了宗教赎罪论的精髓：用刑罚惩罚罪犯是为了强化罪犯的有罪感，帮助其赎罪。

---

① 《尚书·皋陶谟》。

② 王觐：《中华刑法论》，第3页，北京，中华书局，1933年。

③ 邱兴隆：《从神意到法意——报应论的理念嬗变》，《湖南省政法管理干部学院学报》，第2页，2000年第3期。

拓展阅读

秋冬行刑

汉代对死刑的执行，实行“秋冬行刑”的制度。汉代统治者根据“天人感应”理论，规定春夏不执行死刑。除谋反大逆“决不待时”以外，一般死刑犯须在秋天霜降以后、冬天以前执行。因为这时“天地始肃”，杀气已至，便可以“申严百刑”，以示所谓“顺天行诛”。

秋冬行刑制度，对后世有着深远的影响，唐律规定“立春后不决死刑”。明清律中的“朝审”“秋审”制度亦可渊源于此。

灾异赦宥

基于天罚思想和董仲舒的灾异论，人们将刑冤与灾异联系在一起，认为天降灾异，是对人间刑狱过重的提醒。由此历代统治阶级逐渐形成习惯，即因天降灾异而清理狱讼、审录囚徒或减免刑罚。例如，汉建武五年天久旱未雨，皇帝乃下诏曰：“久旱伤麦，秋种未下，朕甚忧之。将残吏未胜，狱多冤结，元元愁恨，感动天气乎？其令中都官、三辅、郡、国出系囚，罪非犯殊死一切勿案，见徒免为庶人。”①后世统治者因地震、日食、火灾、水灾、蝗灾等灾异现象而大赦天下之事不可胜数。

图 2-1 淮安府衙内“窦娥冤”模拟行刑场

中国十大悲剧之一“窦娥冤”中，窦娥在临刑前对监斩官设誓三桩：如系冤枉，则“刀过处头落，一腔热血休半点儿沾在地下，都飞在白练上者”；如系冤枉，则“身死之后，天降三尺瑞雪，遮掩了窦娥尸首”；如系冤枉，“从今以后，着这楚州亢旱三年”。这“三桩誓愿”，从法律文化的角度来看，正好反映了我国古代社会人们的“天人感应”思想。

① 《后汉书·光武帝纪上》。

2. 道义报应。如果说神意报应论是将刑罚的根据置于天上，那么，让刑罚的根据最先回到人间的便是道义报应论，即从犯罪的道德恶性中寻找刑罚之存在与适用的必然性的理论。

溯本求源，道义报应论的初始形态是恶性论。在中国，汉代巨儒董仲舒的诛心论可以认为是恶性论的典型代表。按照儒家的德主刑辅思想，犯罪是严重违背作为道德规范的“礼”而不得不予以刑罚制裁的行为，所谓“失礼则入刑”。①而人之所以犯罪，是受了主观恶性的支配。因此，着重于维护“礼”，对犯罪人应该以原心论罪，即根据犯罪人的主观恶性来判断犯罪的轻重并决定刑罚的轻重，做到刑恶对应。董仲舒所提出的评价犯罪与决定刑罚的这一原则，意味着刑罚是对恶性的一种报应，刑罚的轻重应该以犯罪的动机所体现的恶性为转移。

图 2-2　奥古斯丁（354—430），古罗马帝国时期天主教思想家，欧洲中世纪基督教神学、教父哲学的重要代表人物。

在中世纪西方，出现了类似于董仲舒诛心论的极端的恶性论。其代表人物是神学家奥古斯丁（Saint Augustine）。他认为，恶的意志是人之所以犯罪的根本动因。因此，他提出法官的职责是“审判别人的良心”。②

在刑罚学史上，恶性论的进步意义是不容置疑的。因为它注重的是犯罪人之所以犯罪的内心动因，即趋恶避善的自由意志，而这意味着人类对犯罪已不再局限于对犯罪行为造成的损害的直观感性认识，而是上升到了对心理与行为之间的因果关系的理性判断，从而标志着人类认识能力的一大飞跃。同时，它还构成近现代主观责任制度的源头，是由不讲责任只讲损害的单纯的同害报复主义转向既讲客观损害又讲主观罪过的等价报应主义的必经中介。③

到康德（Immanuel Kant）那里，恶性论经提炼、扬弃，演变成了近代意义上的道义报应论。他从尊重人作为目的的价值出发，认为犯罪人侵害了他人的权利违背了道德律，因而应受惩罚。康德主张刑罚的质与量都应与犯罪的道德罪过及其外在表现相均衡，实行等量报应，即“如果你诽谤了别人，你就是诽

① 《后汉书·刑法志》。

② 《西方伦理学名著选辑（上）》，第 351—353 页，北京，商务印书馆，1961。

③ 邱兴隆：《从神意到法意——报应论的理念嬗变》，《湖南省政法管理干部学院学报》，第 3 页，2000 年第 3 期。

谤了你自己；如果你偷了别人的东西，你就是偷了自己的东西；如果你打了别人，你就是打了你自己；如果你杀了别人，你就是杀了你自己”。①

图 2-3 伊曼努尔·康德（1724—1804）德国哲学家、德国古典哲学的开创者和奠基人。

道义责任论关注的是行为人主观上的可归责性，并将这种可归责性建立在行为人的主观心理之上，即行为人在具有责任能力的情况下，在故意或过失的支配下实施犯罪行为，因而具有可归责性。也就是说，必须重视行为人的主观上“恶性”，或者可称之为可谴责性或谴责可能性，这样的追究活动才具有合理性，才符合人类朴素的正义观念。道义报应论将应受谴责性作为刑罚的发动的前提，为个人罪过责任制度的确立，防止刑及无辜与无责，奠定了牢固的理论基础。

图 2-4 黑格尔（1770—1831），德国近代客观唯心主义哲学的代表、政治哲学家。

3. 法律报应。黑格尔（Georg Wilhelm Friedrich Hegel）将其辩证法中的否定之否定规律运用于对罪刑关系的考察，提出了著名的法律报应主义。该理论认为正义的根据在于法律，犯罪是对法律的否定，而刑罚是对犯罪的否定，通过这种否定之否定，达到对法的重新肯定。其内在的逻辑：其一，犯罪因为违反法律而侵犯了法律秩序；其二，刑罚作为制裁犯罪的手段因施加于犯罪人使被犯罪所违犯的法律得到强化；其三，以法律被强化为中介，被犯罪所侵犯的法律秩序得到恢复。②黑格尔还认为报应“不是侵害行为精神性状的等同，而是侵害行为自在地存在的性状的等同，即价值的等同”。③因此，与康德的等量报应刑不同，黑格尔的报应刑被称为等价报应刑。

（二）设重刑而奸尽止

刑罚除了对犯罪人予以犯罪的报应外，还通过国家制刑、判刑和行刑让

① 陈兴良：《刑法的启蒙》，第 129 页，法律出版社，1998。

② 邱兴隆：《从神意到法意——报应论的理念嬗变》，《湖南省政法管理干部学院学报》，第 5 页，2000 年第 3 期。

③［德］黑格尔：《法哲学原理》，北京，商务印书馆，1961。

人们知道受刑之苦，大于犯罪所获得的快乐与满足，最终使人们畏惧刑罚，不敢触犯刑律，从而达到预防犯罪的目的。

小贴士

刑罚的目的既不是要摧残折磨一个感知者，也不是要清除业已犯下的罪行……刑罚的目的仅仅在于：阻止罪犯再重新侵害公民，并规诫他人不要重蹈覆辙。①

——［意］贝卡利亚

此种观点又分以下两种学说：

1．威吓主义。威吓主义就是利用执行残酷的刑罚，达到预防一般人犯罪的目的，其主要表现为：刑种苛繁、肉刑发达、死刑残酷、株连无辜。古代残酷的身体刑及重刑主义思想就是这一观点的体现。

在我国，主张重刑威慑论的代表是法家。法家强调以重刑遏制犯罪。如春秋时期的商鞅（前 390—前 338）、战国时期的韩非（前 281—前 233）都是重刑威慑论的代表。商鞅认为刑罚是禁奸之本，治国之道，提出了“禁奸止过，莫若重刑”②的重刑主义思想。在商鞅变法的过程中，很多刑罚措施严酷得背离人道，比如知道违法行为却不检举揭发的要处以腰斩，藏匿违法的人要与战场上缴获的俘虏同罪。因为商鞅认为“重刑、连其罪，则民不敢试。民不敢试，故无刑也”。③他制定的《秦律》首开重刑威慑主义先河，之后重刑思想便成为中国历代封建王朝刑罚的指导思想。这种思想以致于传袭至当下。“乱世用重刑”成为历次“严打”的法理依据。

在西方，重刑威慑主义可以上溯至古希腊。作为古希腊的执政官，德拉古（Draco，约前 650—前 600）提出了重刑威慑论并贯彻在立法活动中。“德拉古立法”几乎对所有犯罪都规定了死刑，当有人问他“为什么大多数犯罪都采用死刑？”德拉古回答：“轻罪理当处死，至于更大的罪，还找不到比处死刑更重的刑罚。”④重刑威慑的思想由此昭然可见。整个欧洲中世纪，威吓主义便成为刑罚的主旨。譬如德国《卡洛琳娜法典》第 162 条就规定：三犯盗窃罪以上者应处死刑。法国 1651 年颁布的有关流浪的法令规定：停留在巴黎附近的流浪者，应处鞭笞；

①［意］贝卡利亚：《论犯罪与刑罚》，黄风译，第 52 页，北京，中国大百科全书出版社，1993。

②③《商君书·赏刑》。

④ 陈盛清：《外国法制史》，第 37 页，北京，北京大学出版社，1982。

再犯者，即处绞刑。对盗窃、流浪这些危害并不非常严重的累犯，却规定了死刑，充分反映出了威慑时代重刑威慑论对累犯处罚加重制度的影响。

2. 心理强制主义。德国刑法学者冯·费尔巴哈（Paul Johann Anselm von Feuerbach，1775—1833）是此学说的倡导者。他认为“人是避免不快、追求快乐、权衡利弊之下进行活动的动物，如果把刑罚作为犯罪的后果预先予以规定，实施犯罪时立即执行法律上规定的刑罚，那么人们就会把不犯罪而产生的小的不快和因受刑罚而产生大的不快，合理地加以权衡，为了避免大的不快抑制小的不快而不去犯罪，就有必要在法律上预先规定犯罪与刑罚的关系。”

心理强制说以人是具有理性的动物，又有自私的特性为基础，强化人们对犯罪与刑罚必然相系的确信，除对具体犯罪立即执行刑罚之外，尤其重要的是以法律预先明确规定各种犯罪及其犯罪后应受的刑罚处罚。这样，意欲犯罪者无论有何犯罪趋向，都将面临着刑罚的威慑，从而使刑罚的心理强制作用得以充分发挥。

费氏心理强制说的核心在于将痛苦进行合理的比量上。是罪刑法定原则的实效理论基础。费尔巴哈于1802年根据其心理强制学说，最先在其教科书中以拉丁文格言形式，将罪刑法定主义表述为“法无明文规定不为罪，法无明文规定不处罚”。

拓展阅读

	全国	全国日均	北京	浙江	山西	上海
酒驾违（起）	2038	136	505	1100	205	665
下降比例	35%	43%	82.2%	77.2%	26.8%	55.8%

统计时间为2012年5月1日至5月15日，下降比例为与前一年（2011年）相比。2012年5月1日起，刑法修正案（八）增加了危险驾驶罪，将醉酒驾驶机动车和驾驶机动车追逐竞驶情节恶劣的行为规定为犯罪。

二、公平与正义

（一）维护社会的公平

所谓公平，就是公正、平等，是法律制度的三大基本价值之一。在一个文明的社会中，公正的惩罚和适当的量刑是非常重要的。培根曾在《论司法》中指出："一次不公的裁判比多次不平的举动为祸尤烈。因为这些不平的举动不过弄脏了水流，而不公的裁判则把水源败坏了。"因此，刑法的基本原则之一就是罪刑相适应。

罪刑相适应，又称罪刑均衡。其思想渊源可以追溯到原始社会。由原始社会的血族复仇到血亲复仇、再到同态复仇，已经反映出人们对侵害与随之而来的惩罚在外在形式上的对等性的追求。但这种思想意识，仅仅是一种朴素的、简单的公平观念的反映。随着人类社会的发展和人类智力的开化，人们开始由原始的、直观的强调罪与刑之间在形式上的对等性而演变到追求罪与刑之间在价值上的相当性。

古代思想家们从各自的立场出发，分别提出了罪刑均衡的思想主张。古希腊著名的哲学家亚里士多德（Aristotle，前 384—前 322）指出"击者与被击者，杀人与被杀者，行者与受者，两方分际不均，法官所事，即在施刑罚以补其利益之不均而遂均之"。①在中国古代，墨子（约前 479—前 381）以"罚必当暴"②，精辟地概括了当时的罪刑均衡的思想。战国末期的荀子（前 313—前 238）主张"无罪不罚"③、"刑必称罪"，因为"刑当罪则威，不当罪则侮"④。他既反对轻罪重罚，认为"严令繁刑不足以为威"，也反对重罪轻罚，"罪至重而刑至轻，庸人不知恶矣，乱莫大焉"。⑤可见，荀子已经把罪刑均衡提到国家治乱的高度来加以说明。

近代意义上的罪刑相适应，是 17、18 世纪资产阶级启蒙思想家针对封建刑法中的特权和刑罚残酷、滥施重刑而提出的一条刑罚主张。自然法的创始人格劳秀斯（Hugo Grotius，1583—1564）首先提出："惩罚之苦等于行为之恶"⑥；其后，这一思想为自然法学家不断发展充实。如霍布斯（Thomas Hobbes，1588—1697）"如果惩罚在法律本身中已有明确规定，而在犯罪之后又施加以更重的惩罚，那么逾量之罚便不是惩罚而是敌视行为"。⑦孟德斯鸠（Baron de La Brede et de Montesquieu，1698—1755）则更是直接、明确地指出："惩罚应有程度之分，按罪大小，定惩罚轻重"。⑧他首倡适用刑罚必须和犯罪性质相适

---

①《西方法律思想史资料选编》，第 32 页，北京，北京大学出版社，1983。

②《墨子·尚同》。

③《荀子·王制》。

④《荀子·君子篇》。

⑤ 张晋藩：《中国法制史·荀子·为政》，第 47 页，北京，高等教育出版，2002。

⑥［荷］格劳修斯：《法律的精神》，张艳译，第 85 页，北京，商务印书馆，1962。

⑦［英］霍布斯：《英国刑法要义》，张力等译，第 139—139 页，北京，中国人民公安大学出版社，1993。

⑧［法］孟德斯鸠：《波斯人信札》，第 141 页，北京，商务印书馆，1962。

应，认为罪刑的轻重是根据犯罪的性质而不是根据犯罪行为所侵害物体的量之大小来确定的。

受启蒙思想家的影响，1764 年，贝卡利亚在《论犯罪与刑罚》中首次提出并论证了罪刑均衡的原则。他认为“刑罚应该是公开的、及时的、必需的，在既定条件下尽量轻微的、同犯罪相对称的并由法律规定的。”①这样适用刑罚才能实现刑罚的最佳效果。而罪刑相适应，就是重罪重刑、轻罪轻刑、无罪不罚。也就是说，刑罚的轻重是由犯罪危害性的大小所决定的。他指出，“犯罪对公共利益的危害越大，促使人们犯罪的力量越强，制止人们犯罪的手段就应该越强有力”。②

继贝卡利亚之后，刑事古典学派其他代表人物如边沁、康德、黑格尔等又进一步丰富了罪刑均衡原则。最终，罪刑均衡原则在西方国家的刑事立法中逐步得以确立。1789 年法国《人权宣言》第 8 条在确立了罪刑法定原则之后，又在 1793 年法国宪法所附的《人权宣言》第 15 条中规定：“刑罚应与犯法行为相适应，并应有益于社会”。该法典关于罪刑均衡原则的规定后来为许多欧陆国家所仿效，成为一项世界性的刑法原则。

随着资本主义进入垄断阶段，以报应刑为代表的旧的刑法体制已越来越对日益严重的犯罪显得力不从心，教育刑论者龙勃罗梭、菲利、李斯特等提出了刑罚个别化、处遇个别化和社会化的新的罪刑相适应主张。他们认为，罪刑相适应如果仅仅是注意到犯罪行为所造成的客观危害，而忽视行为人本身的人格危险性，就不能真正做到刑罚处罚的公平，也收不到刑罚预期的效果。所以，对犯罪人量定刑罚，必须考虑其人格危险性，对不同的人，即使犯同一种罪，依据其人格危险之不同，应处不同刑罚。这样，就在罪刑相适应的基础上，发展出了罪责刑相适应的原则。在对已被客观地、外部地判断为违法的行为做出评价时，进一步考虑行为人主观的、内部的一面，亦即行为人精神方面的能力、性格、情操、认识、意图、动机等。

小贴士

刑罚的平等只能是表面的，实际上则是因人而异的。

——［意］贝卡利亚

① ［意］贝卡利亚：《论犯罪与刑罚》，黄风译，第 133 页，北京，中国法制出版社，2005。

② ［意］贝卡利亚：《论犯罪与刑罚》，黄风译，第 79 页，北京，中国法制出版社，2005。

我国在1997年《刑法》第五条规定："刑罚的轻重，应当与犯罪分子所犯罪行和承担的刑事责任相适应"。其具体内容包括：

1. 有罪当罚，无罪不罚。刑罚只能施于犯罪的人，不能罚及无辜。

2. 轻罪轻罚，重罪重罚，刑罚的轻重应与犯罪的轻重相对应，不能轻罪重判，也不能重罪轻判，反对量刑上的畸重和罚不当罪。

3. 一罪一罚，数罪并罚。

4. 同罪同罚，罪罚相当。同一性质、情节相近的犯罪，应当处以轻重相近的刑罚，不能因为犯罪人的地位、身份的不同而给予轻重悬殊的差别待遇。

5. 刑罚的性质应当与犯罪的性质相适应。这里所说的罪，既包括在客观上造成的危害，也包括主观上的人身危险性，是客观危害与主观危险性的统一。

2012年3月14日，新修订的刑诉法第二百六十八条规定："公安机关、人民检察院、人民法院办理未成年人刑事案件，根据情况可以对未成年犯罪嫌疑人、被告人的成长经历、犯罪原因、监护教育等情况进行调查。"这一审前调查评估制度的设立在对未成年人犯罪主体性特征的关注以及教育、保护，体现司法民主、司法公正，以及兼顾提高诉讼效率等方面具有积极意义。

拓展阅读

江苏省全面启动未成年刑案被告人审前调查

2008年10月1日，江苏省法院、省检察院、省公安厅、省司法厅联合出台《刑事案件未成年被告人审前调查实施办法（试行）》，全面启动审前调查工作。

根据该办法，对于适用审前调查的对象，乡镇、街道社区矫正工作机构在接受法院委托后，通过调查走访未成年被告人及其监护人、就读学校、同学同事，案件被害人及其家属，社区组织、社区居民、派出所等方式，了解其家庭背景、个性特点、案件情况、自我认识、帮教条件，判断分析其再犯可能性，并形成调查评估报告，提出能否对其适用非监禁刑罚措施的建议，经县（市、区）社区矫正机构审核后，提交法院。

（二）实现社会的正义

追求并实现正义是人类永恒的目标，其中最主要的是社会机制的保障。刑罚作为社会对犯罪的惩罚机制，通过制刑、量刑和行刑三个过程实现社会的正义。

1．制刑正义。制刑正义是指国家在制定刑罚权时，充分考虑并合理地确定公民自由与社会秩序的分配比重，体现一般国民对社会正义的要求。①在立法阶段，制刑应侧重于考虑报应及一般预防功能，并要结合本国国情、时代的发展适时做出调整。过度超前或滞后都不能合理体现正义的要求。以2011年5月1日起施行的《刑法修正案（八）》为例：

（1）《刑法修正案（八）》对刑罚结构进行了调整，取消近年来较少适用或基本未适用过的13个经济性非暴力犯罪的死刑；限制对被判处死刑缓期执行犯罪分子的减刑；适当延长有期徒刑数罪并罚的刑期；完善假释规定，加强对被假释犯罪分子的监督管理。

（2）调整敲诈勒索罪的入罪门槛；完善强迫交易罪的规定；明确黑社会性质组织犯罪的特征，扩大特殊累犯的范围，加大对恐怖活动犯罪、黑社会性质组织犯罪的惩处力度；完善寻衅滋事罪的规定，从严惩处首要分子。

（3）体现人道主义精神，完善对未成年人和老年人犯罪从宽处罚的规定；进一步明确缓刑适用的条件；完善管制刑及缓刑、假释的执行方式；进一步落实坦白从宽的刑事政策。更好地体现了宽严相济的政策，使我们国家的刑罚制度更趋合理。

（4）加强对民生的保护，增加一些新的犯罪规定，加大惩处力度。比如醉驾、飙车等危险驾驶行为正式入罪；降低药品食品安全认罪条件，加重刑罚；恶意欠薪、拒付报酬正式列罪。

2．量刑正义。量刑正义是指在刑罚裁量过程中，司法者针对具体的犯罪行为和犯罪人，依法做出相应的裁判，处以相应的刑罚。“刑从罪生、刑足判罪”不仅满足了公众对公平、等价的心理需求，也在一定程度上使犯罪人感到刑罚的公正而认罪伏法，认真接受教育改造。

要实现刑当其罪合乎正义，离不开高素质的司法人员，并要严格依法办事。只有这样才能经由程序正义进而实现实体正义，使犯罪的人受到刑罚，无罪的人不被定罪，所犯之罪与所受之刑相适应。

小贴士

正义不仅应得到实现，而且要以人们看得见的方式加以实现。

——法谚

① 赵秉志：《刑法总论问题探索》，第78页，北京，法律出版社，2003年版。

拓展阅读

刑讯逼供

长达数千年的纠问式诉讼使得刑讯逼供成为我国历史悠久且难以根治的一项司法活动。可以说，一部刑事司法史就是一部刑讯史。刑讯逼供是指为了获取口供而对犯罪嫌疑人、被告人或其他诉讼参与人所施加的肉体或精神上的惩罚。

刑讯在中国古代是合法行为，并在古代案件审理中被司法行政长官普遍使用。刑讯长期存在的原因主要是：首先，我国古代有重口供证据的传统，“无供不录案”、“断罪必取输服供词”既是审判原则，又是诉讼中的习惯做法；其次，古代官吏头脑中普遍存在“贱民”观点，认为“人是木雕，不打不招”，不对他们施以重刑他们是不愿意如实招供的，这其实是“有罪推定”的体现；最后，科技不发达，刑侦水平低下也是官吏处理案件依赖刑讯的原因。[①]

近几年，佘祥林案、赵作海案等冤假错案让人们对刑讯逼供更加深恶痛绝。关于刑讯逼供等问题，2013 年 1 月 1 日起施行的《刑事诉讼法修正案》第十八条在刑诉法中增加五条，即第五十四条、第五十五条、第五十六条、第五十七条、第五十八条。规定严禁刑讯逼供的基础上，增加不得强迫任何人证实自己有罪的规定。同时，明确规定了非法证据排除的具体标准：采用刑讯逼供等非法方法收集的犯罪嫌疑人、被告人供述和采用暴力、威胁等非法方法收集的证人证言、被害人陈述，应当予以排除。

图 2-5　古代刑讯工具——夹棍、木板

3. 行刑正义。一般认为，在刑罚执行阶段，根据犯罪分子的人身危险性及具体的犯罪事实，采取有效措施，消除其再犯可能是首要任务，减刑和假释受原刑罚的限制。[②]可见，行刑正义是在报应基础上的特殊预防。行刑过程中，要尊重犯罪人的人格尊严，采取人性化措施，传授谋生之道，促使其早日回归社会。

① 孟祥沛：《中国传统行刑文化研究》，第 144—145 页，北京，法律出版社，2009。

② 陈兴良：《刑法哲学》，第 381 页，北京，中国政法大学出版社，2003。

拓展阅读

40分钟的“天价生命”

54岁的美国籍无业游民乔·哈里斯，因为持枪抢劫银行并且打死一名试图反抗的银行职员，被法庭判处死刑，执行死刑的时间是2012年11月27日下午2:00。在这之前，乔被收押在弗吉尼亚一座戒备森严的监狱里。

按照美国刑法的规定，死囚在临死之前，狱方将尽可能地满足死囚对美食的需求。于是，乔要求狱方给他提供分量足够多的牛排、鲟鱼、比萨等美食，外加一瓶红酒和大瓶可乐。

11月27日中午11:30，乔开始大口享用美食。13:30当狱警进来提乔时，却发现他已经僵硬地躺在地上——死了！

狱方调看了乔所在牢房的视频，发现12:50，当乔喝光最后一滴红酒后便突然嘴角歪斜，然后倒在地上，挣扎了半个小时后死亡。

法医的鉴定是红酒里的酒精引发脑卒中——乔一直有高血压，平时一直靠降压药来控制，但是当天他没有吃药，再加上酒精的猛烈刺激致使脑卒中。

早死40分钟或迟死40分钟，被枪决或因脑卒中而死，反正都是死，没有什么本质区别，更何况乔还是罪大恶极的杀人犯。狱方认为这不是什么大不了的事情，但乔的家人却不依不饶，一纸诉状将狱方告上了法庭，并且要求赔偿乔40分钟的“活价”——350万美元！

乔的家人认为，狱方有以下过失：一是乔的卷宗上明明白白地写着犯人有高血压，易引发各种意外，故不应给他准备红酒，这叫护理失职；二是负责监视各牢房视频画面的狱警没有及时发现乔脑卒中，错过了抢救时间，这是严重的渎职行为。正因为狱方以上的过失才导致乔意外死亡，剥夺了他还有40分钟感受这个美好世界的生存权，以及与亲人最后一一告别的权利！

法院赞同和支持了这份起诉，认为：“尽管乔是将死之人，但是在行刑之前，他依然是受到法律保护的，依然享有除政治选举权之外的其他各种权利，包括生存的权利。狱方的失误直接导致他失去了这些权利，因此理应赔偿。”

乔的家人最终将狱方赔偿的350万美元全部捐给了美国的公益事业。他们表示，只想通过此事，警醒和告诫美国的执法部门，应该尊重法律赋予每个犯人的生存权，哪怕他们是即将被执行死刑的囚犯。

三、自由与秩序

（一）人民自由的圣经

卢梭（Jean-Jacques Rousseau，1712—1778）是欧洲启蒙运动中重要的思想家，他于1762年写成一本对世界产生深刻影响的著作《社会契约论》。在这本书中，他第一次提出了“天赋人权”和“主权在民”的思想。社会契约论的主要表述是探究是否存在合法的政治权威，“人是生而自由的，但却无往不在枷锁之中。”他所说的政治权威在我们的自然状态中并不存在，所以我们需要一个社会契约。在社会契约中，每个人都放弃天然自由，而获取契约自由；在参与政治的过程中，只有每个人同等地放弃全部天然自由，转让给整个集体，人类才能得到平等的契约自由。

> **小贴士**
>
> 正是为了不至于成为凶手的牺牲品，所以人们才同意，假如自己做了凶手的话，自己也得死。
>
> ——［法］卢梭

“离群索居的人们被连续的战争状态弄得筋疲力尽，也无力享受那种由于朝不保夕而变得空有其名的自由”，因而刑罚和惩罚权便应运而生，“法律就是把这些人联合成社会的条件。人们牺牲一部分自由是为了平安无扰地享受剩下的那份自由。为了切身利益而牺牲的这一份份自由总合起来，就形成了一个国家的君权。君主就是这一份份自由的合法保存者和管理者。”①但是，贝卡利亚同时还指出，君主实行这种保管还不够，还必须保证它不受每个私人的侵犯，“这些个人不但试图从中夺回自己的那份自由，还极力想霸占别人的那份自由（犯罪本质）。需要有些易感触的力量来阻止个人专横的心灵把社会的法律重新沦入如古时的混乱之中（刑法的目的）。这种易感触的力量就是对触犯法律者所规定的刑罚”（刑罚的来因）②。并且贝卡利亚坚定地认为惩罚权是一份份最少量自由的结晶，“一切额外的东西都是擅权，而不是公正，是杜撰而不是权利。”③

基于此，贝卡利亚较为明确地阐述了罪刑法定原则：“只有法律才能为犯

---

①②③［意］贝卡利亚：《论犯罪与刑罚》，黄风译，第11页，北京，中国法制出版社，2005。

罪规定刑罚。只有代表根据社会契约而联合起来的整个社会的立法者才拥有这一权威。任何司法官员（他是社会的一部分）都不能自命公正地对该社会的另一成员科处刑罚。超越法律限度的刑罚就不再是一种正义的刑罚。因此，任何一个司法官员都不得以热忱或公共福利为借口，增加对犯罪公民的既定刑罚。”①

小贴士

对罪刑法定原则含义的经典表述：“法无明文规定不为罪，法无明文规定不处罚。”

罪刑法定原则从产生、发展到如今，从未背离过“无法—无罪—无刑”的基本内容，也从未放弃过“限制刑罚权，防止司法擅断，保障个人自由”的本质精神。“每个公民都应当有权做一切不违背法律的事情，除了其行为本身可能造成的后果外，不用担心会遇到其他麻烦。”②这一原则，即可解读为法不禁止即自由。

自由与秩序是刑罚制度的两大根本价值。但不同的时代、不同的国家对自由与秩序会有不同侧重的价值选择。以世界各国对待安乐死的态度为例，绝大多数国家持否定态度，甚至涉嫌故意杀人犯罪。但也有一些国家、地区对安乐死持相对宽容的态度，截至2012年，已立法容许安乐死的地方有荷兰、比利时、卢森堡、瑞士和美国的俄勒冈州、华盛顿州和蒙大拿州等地。

案 例

安乐死——合法？违法？

1986年6月28日，陕西汉中市纺织工人王明成对母亲实施了安乐死，他和开药的医生均被逮捕并接受审判，引起社会广泛关注。

王明成的母亲患肝硬化转腹水，他和妹妹不忍看病危的母亲难受，请求医生蒲连升开了安眠药冬眠灵，让母亲喝下。结果母亲死亡，他和医生都以故意杀人罪被逮捕、起诉。六年后的1992年2月25日，他和医生都被判无罪，当

① [意] 贝卡利亚：《论犯罪与刑罚》，黄风译，第13页，北京，中国法制出版社，2005。
② [意] 贝卡利亚：《论犯罪与刑罚》，黄风译，第85页，北京，中国法制出版社，2005。

庭释放。但这并不意味着安乐死的合法性，安乐死仍是违法的，只不过由于蒲连升给患者开具的冬眠灵不是患者致死的主要原因，危害不大，才不构成犯罪。

又过了九年，王明成被诊断患有胃癌，手术后两年，癌症转移至肝部，症状逐步恶化。在生命垂危之际，他无法忍受病痛的折磨，多次要求医院帮助他安乐死，均被坚决拒绝。2003 年 8 月 3 日凌晨，王明成在极度痛苦中去世。

由此，我们可以看出，在专制的时代或社会，国家往往更侧重于秩序的价值选择，而把个人自由限制在十分狭小的范围之内。而在民主的时代或社会，国家往往更侧重自由的价值选择，而把秩序仅仅限制在必要的范围之内，从而使公民有尽可能大的自由活动空间。当今世界，虽然世界各国社会制度以及各国国情十分不同，但提倡和实行民主政治，让人民享有更多的自由权利，早已成为各国人民的一致呼声，并且已经反映在了一些国家的刑事法制实践之中。

（二）秩序恢复的利剑

刑罚源于维护社会秩序的需要。此种学说的典型代表人物是边沁和龙勃罗梭。边沁认为："社会秩序，端赖国家维持，国家为维持社会秩序计，所以有行使刑罚之必要。"龙勃罗梭认为："社会为物，受进化论之支配，是则社会为己身进化起见，对于侵犯其生存之犯罪人，有压抑之必要，刑罚权即从此必要而生。"①

拓展阅读

刑乱国用重典

明朝初年，政治、经济形势错综复杂，内外矛盾交织。由于元末以来土地荒芜，民无定所，阶级斗争异常尖锐，农民起义此起彼伏，其次数之多是历史上各封建王朝开国以后未遇到过的，刚刚建立起来的明王朝由此遭到了严重威胁。在统治集团内部，各种力量之间的矛盾也在酝酿和发展。淮西和浙东地主集团之间、农民出身的武将和地主出身的文臣之间勾心斗角、互相倾轧，同时明太祖与起义功

① 尹振国：《刑罚进化论纲（二）》，法律图书馆论文资料库 http：//www.law-lib.com/lw/lw_view.asp?no=10039。

图 2-6 剥皮实草

臣们的冲突也日趋严重。另外，元朝的残余势力还不时地侵扰北方边境。严峻的社会形势，使明太祖认定当时是“乱世”。根据《周礼》中“刑乱国用重典”的理论，明太祖遂决定采用重典猛法来治理国家，他说：“朕收平中国，非猛不可”①，“吾治乱世，刑罚不得不重”。②

洪武十八年至二十年（1385—1387），在制定明朝的基本法典《大明律》的同时，明太祖亲自编订并发布了贯彻自己重典治国思想的《御制大诰》四篇。《大诰》是一种特别的刑事法规。内容由洪武年间明太祖惩治官民过犯的案例，基本律典以外的重法峻令以及明太祖教导吏、民“趋吉避凶”之道的训诫三部分构成。朱元璋颁行《大诰》，是效仿周公以“当世事”警诫臣民，永以为训，从而维护统治秩序。

明太祖晚年，自以为天下基本已经大治，遂将《大诰》中的部分死罪条款摘要编为 147 条《钦定律诰》，附在《大明律》之后颁行天下。《大诰》不再另行用于司法审判，这部明初空前普及的法令遂被束之高阁。到了明朝中叶，连《钦定律诰》也废止不用了。

在古代社会，统治阶级为了维护自身的统治，为了稳定社会秩序，大肆使用死刑，甚至法外用刑、用酷刑，将破坏秩序、威胁统治的犯罪人处死。除此之外，在中外刑罚历史上，将罪犯放逐到边远地区进行惩罚也是一种常见的刑罚，被称为流放刑。它的主要功能是通过将已定刑的人押解到荒僻或远离乡土的地方，以对案犯进行惩治，并以此维护社会和统治秩序。

在中国传统社会中，流放是十分独特的政治现象，被统治者自诩为一种仁慈的刑罚。所谓“不忍刑杀，流之远方”③，从而体现了儒家所提倡的仁政和慎刑。但流放毕竟是仅次于死刑的刑罚。因此，为了实现重刑的作用，历代统治者煞费苦心地变换流放的方式，创造了花样翻新的流放形式，并在中国广袤的国土上，对于流放地点的选择也费尽心机：西北绝域、西南烟瘴和东北苦寒之地以及一些海岛都先后成为过流放地。

①②《明史·刑法制》。

③《大清律例·名例律上》。

拓展阅读

北宋苏轼身处新旧两党政治斗争漩涡，历经乌台诗案，屡次遭贬，先后被贬流放到黄州任团练副使、外放颍州。元祐八年（1093年），他以“讥刺先朝”罪名，贬为惠州安置，没过多久再贬为儋州别驾、昌化军安置。据说在宋朝，放逐海南是仅比满门抄斩罪轻一等的处罚。

英国于1579年起草有关计划，让装备了帆船的舰队把大批的重犯带到船上。20年后，一项允许把犯人运走的法律生效了。在伊丽莎白一世执政的最后几年，流放变得国际化了。英国犯人的流放目的地是一个世纪前哥伦布发现的美洲。在政府看来，流放好处很多。制造麻烦的罪犯离开了英国，社会得以安定。政府也不必再花钱新建监狱来容纳越来越多的犯人。从惩罚角度看，前往殖民地的航程仍然是构成刑罚的一部分—许多人晕船或患上败血症，更不必说到达目的地后，种植园里会把人累到散架的劳动。

小贴士

一则关于放逐的西方判决①

我判决，但我不知道你的命运，可能是暴风雨使船只失事，可能是染上疾病，也可能是饿死，或被野蛮人屠杀，或被野兽吃掉。无论怎样，你自己决定自己的命运，死亡或生存，受难或幸福。我不愿再见到你，船将把你和你的罪恶一起从我眼前带走，你将再不会给我带来麻烦。

社会动荡、无序的时候，统治阶级靠刑罚恢复秩序，稳定社会。和平年代，刑罚依然是秩序恢复的利剑。因为破坏经济秩序和社会秩序的犯罪并没有消失。正常情况下，人与人之间、人与自然之间、各种利益群体之间都是处在相互协调、自然相处的环境之中，并都受着法律的庇护。但是当行为人一旦实施了犯

①［美］理查德·霍金斯、杰弗里·P. 阿尔珀特：《美国监狱制度——刑罚与正义》，孙晓雳、林遐译，第8页，北京，中国人民公安大学出版社，1991。

罪，和谐、协调的社会关系就被打乱，正常的社会秩序就会被破坏。如何使破坏了的社会关系和秩序恢复到常态？靠“社会”自身的免疫力和再生力是不够的，还必须依赖国家的强制力，这就是对犯罪人实施必要的刑罚。

因为只有通过刑罚使犯罪人在法律上、政治上、道义上受到国家的否定评价，并承受一定的身心痛苦和利益的剥夺，才能在实现刑罚惩罚功能的同时，阻止和预防各类犯罪行为的再次发生。同时，由于刑罚的作用，社会的心理得到了平衡，也使得由于犯罪所造成的社会关系和社会秩序的破坏得到了某种程度的修复，最终实现社会关系和秩序的再次平衡和稳定。所以说，刑罚是实现恢复性社会关系的重要手段。

第三章

如何实现刑罚

任何活动的开展都离不开主体、客体、时间、空间和方式这几大因素。刑罚作为一项历史悠久的司法活动，随着人类社会的演进，它的执行者、执行对象、执行场所以及执行手段也在不断地发生变化，并由原始野蛮趋向文明进步。

一、执行者

（一）血亲复仇

在原始社会的氏族部落时期，出于一个共同祖先的氏族是社会的基本单位，胞族和部落也是建立在血缘基础上的。因此，在原始社会，人们的各种关系中，血缘关系起着决定性的作用。当氏族或部落的成员受到外来伤害时，则视为对本氏族或本部落的伤害，就要以命偿命，以伤抵伤来报仇，这就是血亲复仇。

这种解决杀伤问题的方式，甚至到了奴隶社会早期依然存在。在儒家的经典《礼记・曲礼》中有对血亲复仇最典型的表达："父之仇弗与共戴天，兄弟之仇不反兵，交游之仇不同国。"意思是对于杀父仇人，儿子们不能和这仇人生活在同一蓝天下，无论仇人身处何处，儿子们非得找到并亲手杀死仇人；自己兄弟被人杀了，要时刻随身带着兵器，见了仇人就杀；自己的好朋友被人杀了，不能和仇人生活在一个国家里，要么杀死仇人，要么追杀得仇人逃往国外。

我国早期的法律也是允许私人复仇的，儒家经典《周礼》称：西周时，朝廷司寇处有一个叫"朝士"的机构，如果自己的父兄为人所杀，就可以到这个机构登记仇人的姓名，以后就可以杀死仇人而无罪。在朝廷的司徒处又有一个"调人"的机构，凡发生杀伤行为，就要把仇人互相调开来"避仇"。不愿离开的就要抓起来，防止冤冤相报。已经发生了复仇，就以一次为限，不许双方再行复仇，导致仇杀不已。①

① 郭建：《獬豸的投影：中国的法文化》，第106页，上海，上海三联书店，2006。

允许血亲复仇，也是很多文明古国法律的特色。古代西亚、欧洲及其他的一些地方法律也有类似的内容。

血亲复仇，使得双方的亲属彼此仇杀不已。冤冤相报何时了？于是，法律开始限制这种漫无限度的杀伤，强制一方死一子、另一方也必须死一子，就此停止，不得再行仇杀。再进一步地发展，就是将这种私人的复仇改换为使用财产赔偿，强迫加害人拿出所谓“血金”来抵偿伤害。

正如欧洲中世纪的法谚“要么接受长矛，要么收买长矛”所表明的，当事人有权加以选择。比如公元600年前后编成的英格兰地区盎格鲁·撒克逊习惯法汇编《埃塞尔伯特法》规定，杀人如不进行复仇，加害人必须赔偿“赎杀金”，奴隶、平民、贵族、教士各个等级的价码不同。

或许是因为中国古代以农业立国，很早就建立了较为强大的国家政权机构，由国家政权来代替原来的血亲复仇，由法律设置的刑罚来取代私人的同态伤害。所以，中国早在战国时代法律就开始禁止私人复仇，强调一切杀人行为都必须由国家刑罚进行严惩。只在中国古代周边一些游牧少数民族的习惯法里，有从血亲复仇向赔偿“血金”转化的轨迹可寻。比如据史书记载，鲜卑族入主中原之初，其习惯法规定，杀人可以赔偿马牛 49 头、丧葬费用，政府司法部门不予插手。隋唐时，西北地区的突厥族习惯法，伤人者按照伤势赔财物；伤人眼睛的要把自己的女儿赔给受害人，没有女儿的赔嫁女儿的嫁妆；折断人肢体的赔马。

到 15、16 世纪的时候，血亲复仇早已被绝大多数欧洲国家的法律所严厉禁止。直到在文艺复兴后才确立国家刑罚的观念，对于杀伤案件给予严厉的刑罚处罚，只有过失伤害才作为损害赔偿处理，故意杀人已作为重罪，必须严厉追究、处以死刑。

小贴士

以命还命，以眼还眼，以牙还牙，以手还手，以脚还脚，以烙还烙，以伤还伤，以打还打。

——《旧约全书》

（二）专职行刑人

1．死刑执行者。死刑执行者，古代也称为刽子手。我国古代各州县一般不设专门的刽子手，遇有执行死刑时，除由当地驻军选择士兵临时充任外，大部分情况下都是由狱卒兼任。①

古罗马的刽子手或刑吏是公众的奴隶，他们被禁止进入市区居住，也不得进入公众场合和神殿。他们身着与众不同的服装以示区别，走路时还不停摇铃以提醒那些“洁净”的市民千万不要靠近或触碰自己“肮脏”的身体。古罗马政治家、雄辩家、哲学家西塞罗曾写道：刑吏的到来会玷污公众的集会。罗马的刑吏没有死后葬于墓地的权利。古希腊人也会对刽子手另眼看待，从事这种职业的人也不得住在城内。古代日耳曼人中由祭司对罪犯执行死刑。到了法兰克王国时期，如果对罪犯实施的是斩首刑，那么履行这一“公务”者，一般是法院中职位最低的人，到后来，这类低级官吏便专司对罪犯处刑的工作，成了中世纪后期各城市国家中最被人看不起的人。刽子手或刑吏的专门职业便从此出现了。②

绞刑、斩刑是历史最悠久，也是使用最普遍的两种死刑方式。由于斩首刑需要较高的技巧，所以斩首由专门的刽子手执行，在中国往往是师父带徒弟，在西方很多是父子相传。

图 3-1　苏格兰女王玛丽一世

斩首时，最理想的状由况是锋利的刀刃恰好从某两块颈椎中间砍下，犯人就会迅速身首异处。但实际情况往往并不这么顺利，而且刽子手可能有意或无意地延长处斩的过程。所以无论在欧洲还是中国，犯人一般都会在行刑之前贿赂一下刽子手，希望他能“正常发挥”，使自己免受过多的痛苦。但有时，这种意外情况也成为了刑罚本身的一部分。被伊丽莎白女王处以叛国罪的艾塞克斯伯爵二世和苏格兰的玛丽一世女王，都被砍了三下才最终死亡。

因为斩刑的残忍血腥，如今，世界上绝大多数国家已废除这种执行方式。我国法律规定，死刑采用枪决或者注射等方法执行。对于采用枪决方法执行死刑，人民法院有条件执行的，应交付司法警察执行；没有条件执行的，可交付武装警察执行。执行死刑时的警戒事宜，由公安机关负责。注射死刑，由司法警察负责提押、固定罪犯和执行死刑工作，专职法医负责监督、指导执行死刑药物的使用，监测、确认罪犯死亡工作。

① 孟培祥：《中国传统文化研究》，第 123 页，北京，法律出版社，2009。

② 沈英甲：《采访死亡手记》，第 231—233 页，北京，中国文联出版社，1996。

拓展阅读

剑子手家族[1]

图 3-2 快刀斩首

社会对刽子手和刑吏公开歧视的结果，使属于这一“身份”的人构成了一个阶层，他们只能在这一阶层中为自己选择配偶，这也使得刽子手和刑吏成了一种世袭职业，由长子继承。

欧洲最著名的刽子手家族就是曾祖孙上下七代执掌“巴黎先生”（当时巴黎人对刽子手的俗称）之职的桑松家族，这一家族与法国其他许多刽子手家族都有亲缘关系，通过世代在德国南部和法国阿尔萨斯堡从事刽子手职业的代布勒家族为中介，法国血统、德国血统和瑞士血统的刽子手家族结成了亲家。

桑松家族最后一名刽子手亨利·克莱曼·桑松死于法国大革命 100 年后，他的孙女常年为爷爷守墓。1920 年，她隐入了普瓦捷附近的一座修道院。

2. 狱卒—狱警。狱卒是专门管理监狱和犯人的衙役。在中国封建社会，监狱大都由一些缺乏法律知识的人员去操作。地方监狱甚至任用一些品行不端、凶悍残暴的“悍吏蠹胥”。他们通过盘剥囚犯及其家属以维持生活，极尽贪赃枉法、敲诈勒索、残忍暴虐之能事。

1901 年，时任湖广总督的张之洞与两江总督刘坤一联名上奏著名的《江楚会奏变法三折》。奏折专辟“恤刑狱”一章，直陈中国监狱“滥刑株累之酷，囹圄凌虐之弊”，提出“修监羁”和“派专官”的建议，强调监狱要有专业人才的管理。晚清修律大臣沈家本更是认为“典狱一官，统辖全监，非兼有法律道德及军人之资格者，不能胜任。”主张在“各省法律学堂或已成立之新监狱内，附设监狱学堂。以资造就监狱官吏。”

1907 年，京师法政学堂开设监狱科，不仅编定监狱学专科课程，还从法政学堂选拔学生专门研究监狱管理技能，同时聘请日本监狱学家小河滋次郎主讲监狱学；各省也陆续开设各式官办监狱学堂。不仅如此，各地还纷纷派员出

① [法] 勒歇尔博尼埃：《剑子手世家》，张丹彤、张放译，北京，北京新星出版社，2010。

国考察监狱司法方面的先进制度，派遣留学生赴日本等国学习监狱科，培养了不少具有监狱学知识的海外留学人员。开办监狱学堂，培养监狱专门人才，是我国近代监狱管理人才培养纳入正规教育体系的开始，也是中国近代监狱史、教育史上的一件大事。

狱卒，在新式监狱里称为狱警。监狱推行了较现代化的管理制度，设立了放风、医疗、探视、通信等制度，废除了肉刑、饿饭等虐待犯人的惩罚。要求狱警奉公守法、警纪严明、着装整齐、工作有序，使人一见顿生肃穆。不过，有些社会人士在翻译或者撰写有关监狱工作者的文稿时，还称“狱卒”，可见，中国传统文化影响之深。

我国目前的监狱警察制度比较健全，监狱警察是人民警察的一个组成部分，隶属于司法行政系统。《监狱法》第五条规定：“监狱的人民警察依法管理监狱、执行刑罚、对罪犯进行教育改造等活动，受法律保护。”这是对监狱人民警察在刑罚执行活动过程中的法律地位的进一步确认，肯定了监狱人民警察是监狱行刑活动的具体实施者。

图 3–3　外国监狱看守

根据我国《监狱法》、《人民警察法》的规定，监狱人民警察主要由以下人员组成：（1）各级监狱管理机关的公务员；（2）监狱、未成年犯管教所的公务员；（3）各类监狱科研和教育机构的研究人员和教学人员。

国外的监狱工作人员构成与我们不同，包括行政管理人员、看守人员、专业技术人员和辅助人员等几大类。

监狱的行政管理人员主要指监狱长和各专业部门（如警戒、治疗改造、生产等）的负责人，他们负责对监狱各项活动的管理以及对犯人和工作人员的管理；

监狱看守人员的主要职责是保持监狱的正常秩序，对罪犯进行看管并避免他们脱逃、自杀或进行其他非法行为，一般不负责对罪犯的矫正工作。根据警戒地域不同，矫正警官主要有以下几种：（1）生活区警官；（2）零散工作的监督者；（3）生产区和教育区的警官；（4）场院警官；（5）行政管理办公区警官；（6）狱墙警官；（7）替换警官。

监狱中的专业技术人员是指具有一定的专业知识和技术并从事专业性较强的监狱工作的人员。主要包括：（1）医务人员；（2）文化和职业技术教师；

（3）精神健康工作者；（4）心理学工作者；（5）个案管理者；（6）社会工作者；（7）监狱的牧师和宗教人员。

监狱辅助人员主要是指除上述人员外在监狱中从事辅助性工作的其他人员。他们一般不着制服，通过与监狱签订工作合同来履行各自的职责。①

3. 社区矫正官。20 世纪 60 年代，以重新回归理论为基础的社区矫正开始盛行。社区矫正是与监内矫正相对应的一种矫正模式，意指利用社会资源改造罪犯，促使罪犯重新复归社会。国外社区矫正的方式主要包括缓刑、假释、社区服务、暂时释放、工作释放、学习释放、电子监控等。

拓展阅读

现代缓刑之父

奥古斯图是一个修鞋匠，同时他也是一个著名的慈善家。他将一生的智慧和劳动奉献给了穷人和犯罪的人。

奥古斯图的修鞋摊在当时美国波士顿法院门外的大街上。每当法院开庭，他总是收起鞋摊，随着人流进入法院，去旁听各种案件的审判。

一天，一个衣衫褴褛、满脸悔意的年轻人被带进了法院。凭老人多年观察犯人的经验，这是一个在公共场所酗酒闹事者。那时候，在麻省的法律中，“酗酒闹事”是一种轻微的罪行，只需被告人委托别人交一小笔保释金，便可判一年“监外守行为”。但奥古斯图敢肯定青年是个穷苦人，很难拿出保释金。于是开庭时，他从容地走向法官，表示自己愿做被告人的担保人，保释青年出去。

老人的古道热肠和青年的悔意打动了法官，他同意了奥古斯图的请求，下令延期三周审判。三周后，奥古斯图陪同青年返回法庭。他向法庭呈上了一份报告，并以上帝的名义发誓作证，这个青年三周来滴酒不沾，一直勤劳工作，照料祖父，空余时间还去做义工，报告上还有青年所在街区的警察和教堂牧师的签名。法官当场宣布释放了青年，而这个青年从此变成了一个终生戒酒、守法勤劳的好公民。

此后，在 1841 年至 1858 年的十多年中，奥古斯图不断来往于波士顿警察局和法院，说服法庭和警察局允许他支付罚金和提供友善的监管，保释了近 2000 名犯罪人。

---

① 郭建安：《西方监狱制度概论》，第 38—43 页，北京，法律出版社，2003。

奥古斯图的努力导致了麻省于1878年颁布了美国第一部缓刑法，到1925年美国联邦缓刑法出台之日，美国大多数州已经颁布了缓刑法，而与之相配套的量刑建议、量刑调查、社区矫正制度，也已经在美国形成了完整的制度体系。

2012年1月10日，最高人民法院、最高人民检察院、公安部、司法部下发《关于印发〈社区矫正实施办法〉的通知》，2012年3月1日，《社区矫正实施办法》正式施行。

办法的第二条规定："司法行政机关负责指导管理、组织实施社区矫正工作。人民检察院对社区矫正各执法环节依法实行法律监督。公安机关对违反治安管理规定和重新犯罪的社区服刑人员及时依法处理。"第三条规定："县级司法行政机关社区矫正机构对社区服刑人员进行监督管理和教育帮助。司法所承担社区矫正日常工作。社会工作者和志愿者在社区矫正机构的组织指导下参与社区矫正工作。有关部门、村（居）民委员会、社区服刑人员所在单位、就读学校、家庭成员或者监护人、保证人等协助社区矫正机构进行社区矫正。"

小贴士

社区服务 美国学者哈里斯将其定义为："社区服务是这样一种计划：判决罪犯在一个非营利性、靠税收维持的机构里，以一个限定的时间作为其行刑的选择或条件，从事规定数量时间的无偿劳动或服务。"社区服务的工作内容是多种多样的，但大多数是非技术性的手工劳动。

电子监控 在犯人手腕或脚踝处戴上一只电子铐，如果犯人的活动范围超过了规定的界限电子铐便自动发出报警信号，管理部门根据收到的信号，可以判定犯人违反了规则并采取相应的制止措施。

从世界刑罚发展的趋向看，行刑社会化是必然的选择。对于罪行较轻，主观恶性、社会危害性相对较小，经过教育改造后不致再伤害社会或已经丧失了危害社会能力的犯罪分子，适用非监禁刑罚，在社会中进行改造，利用社会资源和社会力量实施矫正，可以最大可能地消除罪犯回归社会的心理障碍和行为障碍，加速再社会化进程。

拓展阅读

新加坡鞭刑官

在新加坡，每年都有千余名男性罪犯被判鞭刑。

新加坡法律规定的鞭刑有一套完整的“仪式”。鞭刑不仅有狱警在场，还有高级监狱官现场发布指令。犯人受鞭刑是不让其他犯人看见的，但在现场有很多监狱官，包括典狱长、主管看守、几个其他监狱管教、狱医、男护士或者医务助理，当然还有鞭刑的执行狱警。

执行狱警个个身材魁梧，肌肉虬结，有些是搏击或武术高手。他们在上岗之前都要经过特训。特训由监狱主鞭刑官和狱医等人进行，目的是让这些即将执行鞭刑的狱警知道怎样才能在犯人身上制造最大程度的疼痛，同时产生最低程度的永久伤害。在培训中，狱警通过鞭打沙袋、假人和香蕉树提高技能。

鞭刑狱警在正式行刑时都不穿制服，只穿 T 恤，这是为了给肢体最大程度自由活动的空间。他们会在犯人“检录”时，先在人体模型上热身。鞭刑正式施行时，要求行刑者每鞭都出尽全力，不考虑受刑者的年龄或者罪行的轻重。

二、执行对象

（一）生命

以剥夺人的生命施罚的死刑，是人类历史上最古老、最严厉且应用时间最久的刑罚。死刑源于原始人类的活人祭祀、血亲复仇等活动，用来取悦神灵、安抚灵魂；或被用作复仇手段，安定社会秩序。

拓展阅读

胡安妮塔——印加冰冻的公主

1996 年，考古学家瑞纳在国家地理杂志的一次探险活动中发现了一具完好冰冻保存的女性木乃伊。科学家给她起名叫胡安妮塔。

对于印加人来说，山峰是残暴的神灵，只有献上祭品才能安抚他们，避免火山爆发、雪崩以及气候灾害。而在所有祭品中，小孩的生命是最珍贵的。

安第斯山脉四周也曾发现近二十个骷髅干尸。唯独胡安妮塔是女性，而且位置在最高的冰封山巅。

大约在500年前，她被印加巫师祭献给安帕托峰（Mt.Ampato，6288米）而活活冰冻至死，年龄约在12—14岁。

现在她躺在秘鲁阿雷基帕的一家高科技博物馆内。这家博物馆专门介绍印加人怎么用活人祭祀火山。

1．现存的死刑执行方式。在世界历史发展的各个阶段，人类穷极想象力和创造力，发明出各种处死同类的办法，但现存的执行死刑的方式主要有以下几种：

（1）绞刑。是一种最古老的行刑方式。世界很多的国家都曾以绞刑处决犯人。现代的绞刑采用的是一种被称为“长坠落”的方法。这也是伊拉克官员用到萨达姆·侯赛因身上的方法。使用此法，行刑的安排者得根据受刑者的体重、身高与身型，计算好坠落的距离，以便绞断受刑人的脖子。

（2）斩首刑。将犯人的头部砍去致死。它跟绞刑一样历史悠久。早期的人们相信头部是灵魂的处所，只有头部与身体分离才能真正地让一个人死亡。所以在战场上，战士们会用刀、剑、斧头等利器割下战败者或俘虏的头并带走，他们认为这样死者的灵魂就不会回到已死的身体中而复活。这种处理敌人的方法后来很自然地成为了刑罚的一种。常用的斩首工具有：斧、剑、刀。

图3-4　以吉约丹医生命名的两种断头台

古代斩首都是由专门的刽子手执行，但人工具有很大的不稳定性。于是，在法国大革命时，吉约丹医生发明了专门用来斩首的机器——断头台。但1977年，法国最后一次使用断头台执行死刑后，断头台就随着法国死刑的废除，永远地退休了。

由于斩首刑场面过于血腥，且难于清理，亦有不少人认为违反人权。所以大部分国家都废除了这一刑罚形式，只有少部分国家，如沙特阿拉伯、也门等以斩首作为处决囚犯的其中一种合法方式。虽然合法，但并不常用。

（3）电刑。源于美国。执行时，受刑者被固定在特殊的电椅上，死刑执行人将湿润的铜电极贴附在受刑者的头部和脚部，接通1700伏的电流20秒，600伏50秒，然后再用1700伏通电10秒。也有的州使用1700伏的电流1—2分钟后，降低电压再通电数分钟致死。电刑可致犯人内脏烧焦和腹部皮肤破裂，通电后犯人双目暴突、大小便失禁，由于强大的电流烧灼人体内部器官，肌肉膨胀、发出异味，甚至会着火，所以电刑看上去很恐怖。

目前，美国也只有内布拉斯加、阿拉巴马两个州还把电椅死刑作为唯一的死刑方式。

（4）毒气刑。第一次世界大战后被军队的医官发明的，在1924年的内华达州首次作为一种替代电椅的更加人道的方式被采用。

图3-5 美国新墨西哥州立监狱中的毒气室

毒气室是一个金属密封舱，犯人被固定在椅子上，然后紧闭上舱门。行刑者在外面按动开关，一个装有氰化物的小碟掉进椅子下方盛有硫酸的槽中，发生化学反应而产生氢氰酸，犯人吸入这种剧毒气体后死亡。通常死刑犯会被建议闻到臭鸡蛋气味时深吸一口气。但如果犯人屏住呼吸或缓慢呼吸，行刑过程会相应延长。

希特勒的纳粹曾经大规模地使用。

目前，只有亚利桑那州、加利福尼亚州、密苏里州和怀俄明州四个州将毒气室作为选择性死刑执行手段采用。

（5）枪决。又称枪毙。通常由执行队或单人执行，枪击部位为心脏、大脑等维持人体生命活动不可缺少的器官。由执行队实施的枪决，往往选择心脏作为射击目标，犯人常要经过较长的时间才能死亡。

我国自民国起开始采用枪决作为执行死刑的唯一方式。直到1996年修订后的《刑事诉讼法》规定："死刑采用枪决或者注射等方法执行。"枪决才逐渐被注射死刑取代。中国台湾、美国犹他州、美国俄克拉荷马州（只有在毒液注射被列为违宪的时候才能采用枪决）、朝鲜、白俄罗斯、印度尼西亚、阿拉伯联合酋长国是目前仅存的仍在使用枪决的国家和地区。

图3-6 中国首台死刑执行车内景

（6）注射死刑。通过向被执行人

的静脉血管注射药剂而致死。目前主要采用“三针法”进行，即依次注入戊硫代巴比妥钠（麻醉剂）、巴夫龙（导致呼吸肌迅速麻痹）及高浓度的氯化钾（导致心脏骤停），从而使被执行人迅速失去知觉，很快死于窒息。

1977 年 5 月 11 日，美国俄克拉荷马州成为世界上第一个使用静脉注射作为合法死刑方式的地方。1997 年 3 月 28 日，昆明市中级人民法院采用注射方法执行死刑。这是中国执行的第一例注射死刑。其后，最高人民法院陆续采取措施，在全国推广注射药物执行死刑的方式。

拓展阅读

世界第一例注射死刑

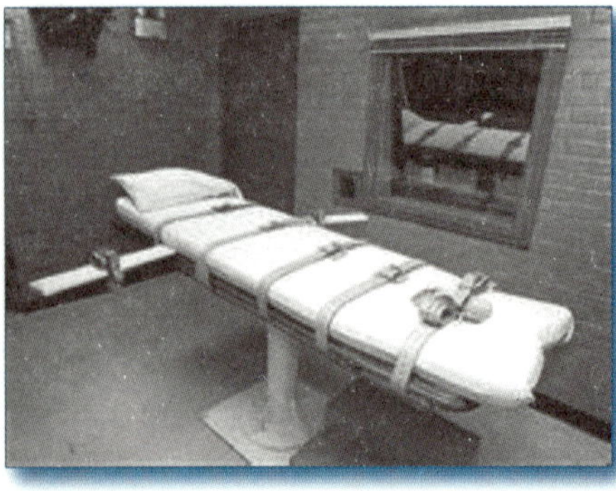

图 3-7　美国得克萨斯州一个监狱的药物注射死刑执行室

1982 年 12 月 7 日，美国人查利·布鲁克斯在得克萨斯州执行静脉死亡注射，成为世界上第一例被实施注射死刑的罪犯。

“当透明的液体进入布鲁克斯的手臂和身体时，他一直睁大眼睛，他的目光充满了紧张。突然，他开始喘气，透不过气来。尽管被皮带捆绑着，他的右臂剧烈抖动着。他的眼睛紧闭，随后打了一个哈欠。最终闭上眼睛，又困难地喘息了 15 秒。最后，一切都停止了。”美国新闻协会记者查尔斯·希尔见证了这一幕。

“犯人唯一能感受到的痛苦是注射器的针刺。”得克萨斯州罗伊·查普曼医生称。自 1982 年以来，80% 的美国死囚犯都是采用注射方法执行死刑。

图 3-8　石刑

石刑

石刑是指用乱石砸死那些被判性犯罪的男子或女子的一种刑罚。执行时，受刑者被埋入预先挖掘好的坑内，男子埋到腰部，女子埋到胸部。用橘子大小的石块砸击受刑者的头部及身体，最后因颅脑损伤死亡。目前，只有伊朗、苏丹、沙特、毛里塔尼亚等规定通奸、同性恋等性犯罪以石砸刑去毙。

化学阉割

“化学阉割”始于美国，是对男性强奸罪犯注射一系列雌性荷尔蒙药物使其失去性欲，2003 年以来一些国家也立法对一些诸如强奸幼女的犯人进行化学阉割。

“化学阉割”的应用需遵循以下原则：一、对象严格。适用对象限于重犯、累犯。根据韩国 2011 年通过的法律，凡是性侵 16 岁以下的未成年人的犯人都可能在出狱前 2 个月被进行“化学阉割”。而最长的时间为 15 年。美国、丹麦、德国、英国、瑞士、瑞典等国家都有关于“化学阉割”的立法，不过对象一般都是性侵儿童的惯犯。二、原则谨慎。除了韩国、波兰等少数国家，别的地方“化学阉割”都是自愿的。如果犯人不愿意，就不可以对其进行“化学阉割”，但是一旦同意了，就不能后悔。要是后悔的话，会受到非常严厉的处罚。三、预防为主。“化学阉割”主要就是一种以保护儿童为主的防范措施。

英国当地时间 2009 年 9 月 10 日晚，首相布朗代表英国政府向已经逝去 55 年的英国著名数学家、德国密码的破译者图灵做出了明确的道歉。这位二战时期的密码破译者因同性恋被判“化学阉割”，55 年前自尽身亡。2013 年 12 月 24 日，英国司法大臣宣布，当时的判决“不公，有歧视”，图灵已经获得英国女王伊丽莎白二世的赦免，“女王的赦免是对这位优秀人物的献礼”。

2. 死刑废除运动。死刑废除运动起源于 18 世纪末。意大利人贝卡利亚在 1764 年出版的《论犯罪与刑罚》一书中提出了废除死刑的观点。历经 200 多年的发展，限制、减少死刑乃至废除死刑已成为世界性的潮流与趋势，越来越多的国家和地区废止了死刑。

至 2012 年，全世界已经有 140 个国家废除及不使用死刑（97 个国家废除所有死刑，8 个国家对一般状态下、非战时废除所有死刑，35 个国家法律尚未废除但实际上超过十年未执行死刑）；仍维持死刑的只有 58 个国家（这 58 个国家中，只有 21 个国家在 2011 年有执行死刑）。也就是说目前全球已经有超过 2/3 的国家废除死刑。仍维持死刑的国家和地区包括：阿富汗、伊朗、古巴、印度、中华人民共和国 、索马里、新加坡、日本、美国等等。简表如下：

表3-1　死刑状况统计表

	死刑存废状况	国家（地区）数	
废除死刑国家（地区）	法律上废除死刑	97	140
	法律上废除死刑，但保留在特殊情况下可执行死刑	8	
	事实上废除死刑（十年以上未执行死刑）	35	
维持死刑国家（地区）	维持死刑	58	

我国刑法中保留了死刑，但是，我国一贯坚持少杀、慎杀政策，规定死刑只适用于罪行极其严重的犯罪分子。根据《关于修改〈中华人民共和国人民法院组织法〉的决定》，最高人民法院从 2007 年 1 月 1 日起收回死刑复核权，统一行使死刑案件核准权。2011 年 5 月 1 日起开始施行的《刑法修正案（八）》，死刑罪名由 68 个减至 55 个，13 个经济性非暴力犯罪将不再判处死刑。

（二）自由

剥夺自由是指对犯罪人实行羁押，剥夺其人身自由的刑罚类型。在当代各国刑罚体系中，它居于举足轻重的地位，广泛适用于不同类型的犯罪，发挥着巨大的作用。

我国早在西周时期便有了已具雏形的剥夺自由刑制度。对于虽未构成五刑之罪，但需予以控制的不稳定分子，统治者会将他们囚禁在圜土之中，强制从事一定的劳动。①同时，圜土制还有刑期之分。对应于上、中、下三等罪名，关押于圜土的期限也分为三年期、二年期和一年期三级。②可以说，圜土制具备了现代意义上的自由刑的一些基本特征。

除此之外，西周还形成了短期剥夺犯罪人自由的“嘉石制”。根据犯罪情节轻重，分别罚坐嘉石三、五、七、九、十三天，拘役三、五、七、九个月至一年，期满后交当地基层官府监督管理。③这是我国最早的拘役刑。自此以后，以剥夺犯罪人的自由为特征的刑罚为历代所沿袭、采用。但无论在哪一朝代，中国古代的自由刑远未达到现代意义上的自由刑的完备程度，地位也不过是作为生命刑或肉刑的补充而存在。

现代意义上的剥夺自由刑源起 16、17 世纪的欧洲。在资本主义重商思想

---

①《周礼·秋官·大司寇》载曰：“以圜土聚教罢民，凡害人者，寘之圜土而施职事焉，以明刑耻。”

②《周礼·秋官·司圜》载曰：“能改者，上罪三年而舍，中罪二年而舍，下罪一年而舍。”

③《周礼·秋官·大司寇》载曰：“凡万民之有罪过，而未丽于法，而害于州里者，桎梏而坐诸嘉石，役诸司空。重罪，旬有三日坐，期役。其次，九日坐，九月役。其次七日坐，七月役。其次五日坐，五月役。其下罪三日坐，三月役。使州里任之，则宥而舍之。”

和人道主义思想的影响下，1557 年英国将布莱德威尔宫改建为矫正院，收容街头的流浪汉、乞丐以及部分罪行轻微的罪犯并强制其从事经济性的工作。荷兰分别于 1595 年与 1597 年在阿姆斯特丹设立了收容男性罪犯的劳役场与收容女性罪犯的纺织所。这是创立自由刑的最早尝试。不过，自由刑真正作为一种刑罚见之于法律，并上升为刑罚体系的中心，还是 18 世纪末 19 世纪初的事。1764 年，贝卡利亚在《论犯罪与刑罚》中第一次提出了废除死刑的思想。这一思想深深影响了整个西方，直接导致了西方刑法改革运动。至此，自由刑才逐步成为现代刑罚体系的中心。

小贴士

处死罪犯的场面虽然很可怕，但是只是暂时的，如果把罪犯变成劳役犯，让他们用自己的劳苦来补偿其所侵犯的社会，那么，这种丧失自由的惩戒则是长久和痛苦的，这乃是制止犯罪的最强有力的手段，这种行之有效的约束常常提醒我们：如果我犯了这样的罪恶，也将陷入这漫长的痛苦之中。因而，同人们总感到扑朔迷离的死亡观念相比，它更具有力量。

——［意］贝卡利亚

剥夺自由刑执行方式在我国具体是指无期徒刑、有期徒刑、拘役三种。

1. 无期徒刑。是指无期限剥夺犯罪人人身自由的刑罚。在中国，无期徒刑是刑法规定的主刑之一，其严厉程度仅次于死刑。然而，在实际执行中，无期徒刑犯如果确有悔改表现的，或者有立功表现的，服刑两年以后可以减刑，但最少不得少于 13 年。

在英美法系国家，终身监禁包括多种类型：（1）绝对终身监禁。对于某些犯罪，一些国家在立法上规定了绝对终身监禁，法官没有任何刑罚选择权，比如英国的谋杀罪；（2）裁量终身监禁。对于某些犯罪终身监禁是选择刑，具体是否适用由法官决定。大部分终身监禁立法采用此种方式；（3）无假释终身监禁。要求终身犯必须服刑终身，不能适用假释，但允许减刑或赦免，美国和澳大利亚一些地方采用此种规定。

2. 有期徒刑。又称定期监禁，是在一定期限内剥夺犯罪人人身自由的刑罚。

在当今世界各国刑法中，有期徒刑毫无例外地是适用频率最高的刑种。有期徒刑与其他刑罚方法相比具有以下特征：

（1）它在一定期限内对罪犯实行关押，剥夺其人身自由。

（2）有期徒刑的刑期幅度大，具有广泛适用性。它的刑期上限与无期徒刑相接，下限与拘役相联，中间跨度很大，具有较大的可分性。它既可作为重刑适用于严重的犯罪行为；也可作为中度刑罚适用于危害居中的犯罪行为；还可以作为轻刑适用于危害较小的犯罪行为。刑法分则中，凡是规定了法定刑的，都规定了有期徒刑。

（3）罪犯应强制接受教育和劳动改造。被判处有期徒刑的犯罪分子，凡是有劳动能力的，都应当参加劳动，接受教育和改造。这种劳动是强制性的，体现了我国对罪犯实行劳动和教育改造的政策。

在西方国家，有期监禁的时间是没有上下限的，而且各种刑罚可以累加，如一个人的两种犯罪行为在西方被判定分别是5年和6年，那么他会得到11年的刑期，而中国则会采取大于6年而小于11年的一种判决，西方的这种法则实际上会导致变相的无期徒刑。

拓展阅读

美性奴案绑匪为免死认罪 被判千年徒刑不得假释

2013年7月26日，美国俄亥俄州涉嫌绑架、囚禁、强奸3名女性长达10年的犯罪嫌疑人阿里埃勒·卡斯特罗（Ariel Castro），为避免死刑处罚，当天在法庭上认罪，他将在监狱度过余生不得假释外加1000年徒刑。

卡斯特罗被控977项罪名，包括绑架、性侵犯、强制堕胎、严重暴力伤害和谋杀、非法持有武器等，此前他一直不承认自己犯下的罪行。26日，根据认罪协议，他接受了其中的937项指控，从而避免被判处死刑。

3. 拘役。是短期剥夺犯罪人自由，就近实行改造的一种刑罚方法。

在我国，拘役由公安机关在就近的拘役所、看守所或者其他监管场所执行，在执行期间，受刑人每月可以回家一至两天，参加劳动的，可以酌量发给报酬。拘役的期限为1个月以上6个月以下，数罪并罚时不得超过1年。

拘役作为一种短期自由刑，适用于轻微之罪，以避免轻罪重罚，体现了罪刑相适应的刑法原则。但实践中，它也存在诸多弊端，归纳起来有以下几个方面：第一，拘役刑不足以发挥刑罚的教育改造功能；第二，拘役刑不足以发挥刑罚的一般威慑功能；第三，拘役刑可能恶化犯罪人的人身危险性；第四，拘役刑可能使犯罪人自暴自弃。因此，关于拘役刑的存废问题争议已久。

从国外的经验来看，改革和完善短期自由刑制度，主要采取三种途径：一是易科罚金；二是易科限制自由刑；三是创制半自由刑，如周末监禁、半监禁、业余监禁和家内服刑。其中由于半自由刑使犯罪分子既限制人身自由，又保持某种程度的家庭关系，与社会存在一定的接触，有利于罪犯早日回归社会的特点，被大多数国家所采用。

我国对拘役刑的完善措施主要有：一是严格拘役刑的宣告；二是改善拘役刑的执行方式，包括建立专门的拘役所和扩大拘役缓刑的适用；三是增设替代措施。替代措施包括（1）增设不剥夺自由的劳动改造刑。借鉴其他国家的成功做法，我国从2003年试行社区矫正制度。（2）充分发挥罚金刑和资格刑的替代作用。（3）用其他处置措施来代替拘役。如以非刑罚处分措施代替拘役，对绝大多数轻微违法犯罪行为尽量不以犯罪论处。①

西方国家自由刑还有以下几种：

周末监禁。所谓周末监禁是指利用受刑人每周的空暇时间，将其收容于监狱执行自由刑，而在工作日让其正常地工作、生活。周末监禁这一自由刑变通执行方式源自于德国。比利时、荷兰、加拿大、瑞士、葡萄牙都存在这一制度，美国也存在间歇监禁刑这一类似制度。

半监禁。半监禁也是短期自由刑的一种变通执行方式，即白天让罪犯参加正常工作或学习，晚上令其到狱中服刑的自由刑执行制度。从广义上讲，周末监禁也属于一种半监禁，但在一些国家，半监禁特指夜监禁。采用这一自由刑执行方式的国家有美国、加拿大、法国、比利时、瑞士、意大利、葡萄牙等。在美国半监禁属于间歇监禁刑制度的一种类型。

业余监禁。业余监禁也是国外存在的一种短期自由刑变通执行方式，是周末监禁与半监禁相结合的一种执行方式。具体实施方法是，工作日的白天允许犯罪参加正常工作，但在工作日的晚上和整个周末必须回到监狱服刑。业余监禁与半监禁、周末监禁比较，犯人每周由狱方控制的时间更多，适用于相对较长的短期自由刑判决。采用这一变通执行方式的典型国家是新西兰。

家庭服刑。家庭服刑也是短期自由刑的一种变通执行方式，亦称“软禁”。它要求罪犯在家里服刑，适用对象通常是短期自由刑犯。采用这一自由刑变通执行方式的典型国家是美国、土耳其。在美国，家中监禁也是监狱行刑的主要替代方法之一，即将判处一定期间监禁的罪犯限制在自己住房的范围之内，但他们在家中可从事不同的活动，某些罪犯可能经过一段时间后，允许在每天的

---

① 林本剑：《论拘役刑制度的完善》，中国法院网，2010年1月13日，http：//www.chinacourt.org/article/detail/2010/01/id/390701.shtml。

限定时间内到外面去工作。某些罪犯允许在服刑的全部期限中保持他们的就业机会，对允许外出的犯人一般要求在晚上和周末都必须待在家中。家中监禁一般适用危险性较小的并有相对稳定的居住条件的罪犯。①

（三）财产

强制犯罪人向国家缴纳部分或全部财产，以此作为对其犯罪的惩罚，被称作财产刑。财产刑源远流长，在我国古代就存在有三种形式：罚金刑、赎刑和籍没刑。

1. 罚金刑。西周穆王命司寇制作《吕刑》,其记载的“五刑不简，正于五罚”中的“五罚”就是我国罚金刑的起源。春秋时期罚甲兵。秦朝有赀刑。赀的本意是赋税，但这里就是罚的意思。赀刑包括赀布和赀财物。布币是秦的货币之一，所以赀布实际上就是罚钱。而赀财物主要就是赀甲和赀盾，沿袭了齐罚甲盾的制度。魏晋时期，罚金刑比较发达。但从隋唐到明清，罚金刑就只在五代十国和元代短暂存在，其他时间基本不再适用了。②

图 3-9　先秦桥梁布币

我国现行刑法中规定的罚金刑是刑法针对贪利犯罪、单位犯罪、轻微刑事犯罪以及其他特定种类犯罪而设置的强制犯罪分子缴纳一定数额金钱给国家的刑罚方法。

2. 赎刑。赎刑是犯人可以用财物代替或抵消其刑罚的制度。最早见于《尚书·舜典》:“金作赎刑。”现存《尚书·吕刑》所载“五刑之疑有赦”，就是指对适用五刑有疑义而应予赦宥的案件，均可折为赎刑。其具体规定是：“墨辟疑赦，其罚百锾，阅实其罪。劓辟疑赦，其罚惟倍，阅实其罪。剕辟疑赦，其罚倍差，阅实其罪。宫辟疑赦，其罚六百锾，阅实其罪。大辟疑赦，其罚千锾，阅实其罪。”锾是当时铜的货币单位，一锾为六两。按照上述规定，凡适用五刑有疑义而应予赦宥的案件，可分别缴纳一百锾，二百锾，五百锾，六百锾，一千锾铜以赎免应处肉刑与死刑。

司马迁在《报任安书》中说：“家贫，货赂不足以自赎。”最终受到宫刑。可见赎刑的得益者，主要是富贵之家。关于赎罪物的规定，也因时而异，有用

① 陈志军：《短期自由刑比较研究》，京师刑事法治网，2006 年 7 月 4 日，http ://www.criminallawbnu.cn/criminal/Info/showpage.asp?pkID=8628。

② 孟祥沛：《中国传统行刑文化研究》，第 63—64 页，北京，法律出版社，2009。

货币，有用米粟，有用绢帛，也有用牛马或其他杂物的。

3. 籍没刑。籍没，就是我们通常所说的“抄家”，是指将一户的人口和财产全部没收入官的一种刑罚，也是现在刑法中没收财产刑的前身。它在历史上长期作为其他主刑的附属刑罚，虽始终没有获得正式的刑名地位，却在刑罚体系中扮演着不可或缺的重要角色。

没收财产的记载最早见于战国时魏国的《法经》。《法经》中的“籍”即是没收财产之刑。适用“籍”的犯罪有三种，即“杀人者诛，籍家及其妻氏”;“盗符者诛，籍其家”;“议国令者诛，籍其家氏及其妻氏”。这表明“籍”或“籍其家”都是没收财产的意思，都是作为死刑的附加刑使用，而且其效果表现为不但家庭财产全部被收归官府，犯人的妻子、家属也要被罚为官府的奴隶。

因为籍没刑能使得惩罚与威慑的效果倍增，而且官府也有利可图，所以历朝历代都承袭了这项制度。到了唐朝，《唐律》中“籍没”又称为“没官”，并且分为一般财产的没官和特定财产的没官，比较接近现代刑法中的一般没收与特别没收，这是唐律在没收制度方面最显著的成就。一直到 20 世纪初清廷被迫进行修律，在 1911 年由沈家本主持制定的《大清新刑律》中才第一次废除“籍没”刑，而代之以具有保安处分性质的特别没收制度。

当下，我国刑法中规定的没收财产分两种：一种是一般没收，即没收财产刑，指对犯罪分子个人合法所有财产的剥夺，是附加刑之一，主要适用于国事犯罪（危害国家安全罪）和贪利性犯罪（包括破坏社会主义市场经济秩序犯罪、侵犯财产犯罪、贪污贿赂犯罪等）；一种是特别没收，是指对与犯罪相关联物品的没收，也称为刑事没收或者没收。

拓展阅读

和珅跌倒 嘉庆吃饱

嘉庆四年（1799 年）正月初三，89 岁的乾隆皇帝弘历寿终正寝，一直为弘历所宠爱的和珅也迎来了他的末日。初八，嘉庆帝下谕宣布，革和珅职，抄没家产。作为首屈一指的大贪官和珅，据说被抄没的家产相当于清政府十几年的财政收入，但到底有多少，一直是个谜。

图 3-10　大贪官和珅

（四）名誉

名誉刑就是透过众人严峻的双眼与讪笑来羞辱犯罪人的人格并践踏其尊严的一种刑罚。名誉刑在其漫长的演进史上，以两种面目出现：其一是对受刑人施以耻辱，损其名誉，使其精神上遭受痛苦，即耻辱刑；其二是作为所谓的权利和名誉的丧失，主要是意味着减少受刑人的法定权利，即资格刑。

1. 耻辱刑。相传在尧舜之时就开始出现了“象刑”。所谓“象刑”，就是通过强制犯罪人身着特殊服饰以示惩罚的象征性刑罚。如若一个人犯了应处墨刑的罪，则令其头戴黑巾，以示是有罪之人；犯了应处劓刑的罪，则令其穿上赭色的衣服或者戴上用草做帽带的帽子；犯了应处刖刑的罪，则令其在腿上蒙上黑布或者穿上麻鞋；犯了应处宫刑的罪，则割去犯人身前的护膝；犯了应处死刑的罪，就让他穿无领的布衣。[①]就采用这种“画衣冠、异章服”的方法标明其罪犯的身份，使之知耻，以示惩戒。

图 3-11　髡刑

中国古代比较典型的耻辱刑还有髡刑和耐刑。髡刑是一种剃光犯人的头发和胡须的刑罚。耐刑是一种只剃光犯人鬓须的刑罚，因其保留了犯人头发的完整，所以又称为完刑。之所以将髡刑和耐刑称为耻辱刑，是因为古人有留鬓、发、须的习惯，甚至把保留鬓、发与孝联系在一起，认为“身体发肤，受之父母，不敢毁伤，孝之始也。”[②]强制性地剃去发须，使受刑人有别于普通人，这就给受刑人以耻辱。根据记载，楔形文字刑法中也有类似的耻辱刑。《苏美尔亲属法》规定：子如果对其父母说：“尔非吾父”，或“尔非吾母”，那么此子首先要被“髡彼之发”或“髡彼之鬓”。印度刑法中更有用尿洗头剃头的刑罚。《摩奴法论》规定：与再生种姓女子通好的刹帝利，应用尿洗头剃发。尿为秽物，用尿洗头剃发，可以认为是给人以耻辱。

象刑、髡刑和耐刑可以被认为是具有独立性质的耻辱刑。它不像生命刑、肉刑、自由刑那样给犯罪人造成直接的有形的损失。它给犯罪人带来的只是精神上的痛苦。可以说，这种耻辱刑为刑之最轻者。更多的耻辱刑往往附属于其他刑罚而存在。这种具有附属性质的耻辱刑可以用肉刑为例予以说明。

① 杨鸿雁：《耻辱刑刑种试析》，《华北电力大学学报（社会科学版）》，第 54 页，2001 年第 4 期。

②《孝经·开宗明义章》。

拓展阅读

劓刑之辱

春秋战国时，庞涓妒忌同学孙膑的才能，将其召到魏国，“以法刑断其两足而黥之，欲隐勿现”。“欲隐勿现”就失去了出头露面的可能。孙膑被齐国使者偷带至齐，因卓越的才能受到齐王的重用。当齐威王打算任命他当领兵打仗的将时，孙膑辞谢说：“刑余之人不可。”刑余之人为何不可？就是因为见不得人。商鞅变法时，太子师傅公子虔因反对变法而受劓刑，他愧于见人，十年杜门不出，足见肉刑所蕴含的耻辱功能。

这种耻辱刑也更广泛地存在于外国古代的刑法中。最典型的当推烙印刺字的刑罚。这是一种在人体表皮上烙刺并留下印记的刑罚。烙刺的部位多为额部，也有面、手、背脊等处。甚至古印度刑法对适用烙印的犯罪及图象、部位都有详尽规定。《摩奴法论》说：“对于玷污师父床笫者，应该烙上一个女根；对于喝酒的人，应该烙上一个酒店的标记；对于窃贼应该烙上一个狗足；对于杀害婆罗门的人，应该烙上一个无头人”，而且是在“额头上打烙印”。这种刑罚与中国的黥刑相类似。它作为一种肉刑，仅损其肌肤，并不残害肢体的功能。可以说，它所给人带来的肉体痛苦是暂时，而所给人带来的精神痛苦是贯穿以后整个生命的。

拓展阅读

《红字》

《红字》是美国19世纪小说家纳撒尼尔·霍桑最重要的一部长篇小说。小说以殖民地时期新英格兰生活为背景，描写了一个受不合理的婚姻束缚的少妇海丝特·白兰，由于被认为犯了通奸罪而受到审判。根据当地的法律，她被判处抱着孩子在绞刑架下示众，并要终身穿着一个胸前有鲜红的“A”字的衣服，“A”代表“通奸”，直到死后也要将“A”字刻在坟墓上。

古代历史上的耻辱刑是专制制度的产物，强调的是对犯罪者的报复与威慑，它使罪犯失去公众的赞助、国家的信任和社会所倡导的友爱。正如法国著名革命家罗伯斯比尔（Maximilien de Robespierre，1758—1794）在题为“论羞辱性刑罚”的讲演中指出的：“耻辱污损人的心灵。一个人要是被判定应受轻蔑，他就不得不成为该受轻蔑的人。不能再指望受到自己亲友尊敬的人，能够指望什么高尚的感情和什么宽恕的行为呢？既然已永远丧失与品德相联系的一切优点，他就必定要到邪恶的享受中去寻求满足。”随着资产阶级革命的胜利，刑罚思想也由报复刑向教育刑转变，这种作为专制时代产物的耻辱刑也就被彻底废除。

2. 资格刑。资格刑是剥夺或限制犯罪人从事某种活动的条件、身份，以及剥夺或限制犯罪人由于从事某种活动所形成的身份的刑罚。

我国古代就有对犯罪官吏“夺爵”、“削爵”、“免官”、“除名”之类的规定。而对资格刑立法的发展具有重大意义的是1871年《德国刑法典》。《德国刑法典》规定了公权剥夺这一刑罚，实系资格刑。公权剥夺的内容可分为两部分：一是对过去取得权利的剥夺。《德国刑法典》第33条规定：“受公权剥夺之宣告时，终身丧失因公权而得之权利、官职、爵位、尊称、勋章、奖章。”二是对将来取得名誉的能力的剥夺。《德国刑法典》第34条规定：“公权剥夺，前条处于其判决所定之期间内，丧失下列能力。第一，佩用国之徽章之能力；第二，就位于德意志军队及帝国海军之能力；第三，受官职、爵位、尊称、勋章、奖章之能力；第四，关于公共之事务为决议、为选举、与被选举及其他行使政权之能力；第五，于证书做成之际为证人之能力；第六，为监护人、监督监护人、保佐人、母之辅助人、亲族会员，以及财产管理人之能力。”《德国刑法典》把剥夺权利与剥夺能力合为一体，前者针对已然，后者指向未然，逻辑严谨，这些对于我国资格刑立法完善具有一定的借鉴作用。

目前我国刑法中规定的资格刑包括下列几种：

（1）剥夺政治权利。在我国刑法中，剥夺政治权利是指剥夺犯罪人参加管理政治活动的权利的刑罚方法。根据《刑法》第五十四条的规定，剥夺政治权利是指同时剥夺犯罪分子下列权利：

① 选举权和被选举权；

② 言论、出版、集会、结社、游行、示威自由的权利；

③ 担任国家机关职务的权利；

④ 担任国有公司、企业、事业单位和人民团体领导职务的权利。

剥夺政治权利既可附加适用，又可独立适用。必须注意的是这里的犯罪人是相对于中国公民而言的，不适用于外国公民。

（2）驱逐出境。是指将犯罪分子从我国境内驱逐到我国境外的一种刑罚。它只适用于犯罪的外国人。可以独立适用或者附加适用。外国人在中国犯罪，被判处驱逐出境，即剥夺了其在中国的居留资格。

拓展阅读

因太帅被驱逐出境

一名叫奥玛尔的男子，是阿联酋迪拜的模特和摄影师。身高 1.93 米。2013 年 4 月某日，他正在沙特首都利雅得的“沙特杰纳第利亚遗产文化节”展馆介绍自己国家的产品，突然被数名执法人员强制架离会场。随即，男子被宗教警察驱逐出境。文化节相关官员对此的解释是：“他长得太出众了，委员们担心会有女性游客被迷倒。”

三、执行场所

（一）古代刑罚执行场所

1. 公开行刑。在中外漫长的刑罚史上，公开行刑是原则，私密行刑是例外。一方面，公开行刑能使受刑人在承受死刑或肉刑的同时，遭受莫大的羞辱，在精神和肉体上受到双重的痛苦；另一方面，公开行刑可以达到“杀鸡儆猴”的目的，使民众因恐惧而受到威慑，不敢犯罪。

以死刑为例，根据《周礼·秋官·掌戮》记载，我国在西周时期，“凡杀人者，踣诸市，肆之三日。”意思就是：杀人者，一般是在闹市区正法，并且暴尸三天示众。可见，将“人之所交利”的“市”作为行刑场所，由来已久。到秦朝，更是将它列为死刑的一种，叫“弃市”。所谓弃市就是在闹市执行死刑并将犯人曝尸街头，即所谓“刑人于市，与众弃之”。①

① 孟祥沛：《中国传统行刑文化研究》，第 78 页，北京，法律出版社，2009。

拓展阅读

菜市口问斩

北京菜市口，是明清两代京都著名的法定刑场。每到冬至前夕都会在此对判为“秋后问斩”的囚犯执行死刑。据说，这里杀人后，在地上洒上炉灰，盖住血迹就卖菜，故名菜市口。明代的杨继盛、杨涟、袁崇焕等忠臣，清代的“戊戌六君子”都是在菜市口被杀的。

犯人经刑部审核确定，于天亮前被推入囚车，经宣武门，走宣外大街到菜市口。只要监斩官入座，朱笔一点，一分钟后刽子手的鬼头刀就砍到囚犯的脖子上。此时死者亲属便以厚礼贿赂刽子手，待人头落地时，将一个馒头塞入脖颈，止住鲜血外喷。被砍下的头，挂在或插在街中木桩子上示众。

图 3-12　菜市口行刑

清代许承尧曾写诗《过菜市口》颇具声色：薄暮过西市，踽踽涕泪归，市人竟言笑，谁知我心悲！

除了弃市，还有一种刑罚叫廷杖，即在朝廷上行杖打人，是对朝中的官吏实行的一种惩罚。最早始于东汉明帝，又一说是北周宣帝，在金朝与元朝普遍实施，明代最为盛行，往往由厂卫行之。戏文中“推出午门斩首”，实属讹传。午门其实不是砍头的地方，而是执行廷杖——打屁股的地方。

廷杖一般是由栗木制成，击人的一端削成槌状，且包有铁皮，铁皮上还有倒勾，一棒击下去，行刑人再顺势一扯，尖利的倒勾就会把受刑人身上连皮带肉撕下一大块来。如果行刑人不手下留情，不用说六十下，就是三十下，受刑人的皮肉连击连抓，就会被撕得一片稀烂。不少受刑官员，就死在廷杖之下。即便不死，十之八九的人，也会落下终身残废。廷杖最高的数目是一百，但这已无实际意义，打到七八十下，人已死了。廷杖一百的人，极少有存活的记录。廷杖八十，意味着双脚已迈进了阎王爷的门槛。

廷杖分“用心打”和“着实打”，至于采取何种打法由监刑官按皇帝的密令决定，如果监刑官脚尖张开，那么就是“着实打”，可能会导致残废，而如果监刑官脚尖闭合，那么就是“用心打”，则受刑的大臣必死无疑。大宦官刘瑾就曾在午门杖死过23个大臣。①

国外亦如此。1868年英国废除公开处决前，像许多其他国家一样，围观死刑一直是万人空巷和“大快人心”的大众娱乐活动。

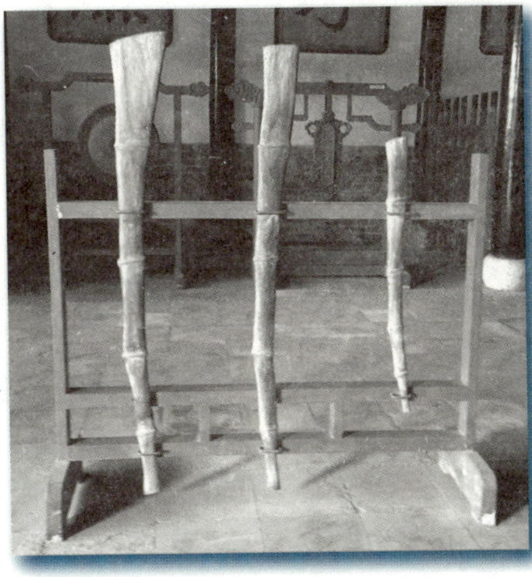

图3-13 廷杖

近现代以来，随着启蒙运动的发展和人道主义的兴起，公开处决制度的残忍性、不人道受到了广泛的质疑。世界各国陆续废除了公开处决这项制度，甚至废除了死刑。至2011年，在20个执行了死刑的国家中，只有沙特、伊朗、朝鲜和索马里仍然实行公开处决的形式。

我国法律规定：死刑可以在刑场或者指定的羁押场所内执行。刑场不得设在繁华地区、交通要道和旅游景点附近。

2. 秘密行刑。在以死刑、肉刑为主的年代，私密行刑是例外。那这些例外体现在哪呢？

在西周时期，杀人犯或者盗贼一般是在闹市区正之于法，并且暴尸三天示众；但是王族或者有爵位的贵族犯有死罪，则由管理郊野事务的甸师氏秘密处死，避免其当众受刑。②北周时皇族与有爵者也是秘密在狱中处决。唐代法律规定：五品以上犯非恶逆以上死罪，可以自尽于家中；七品以上及皇族犯死罪非斩者，可以在隐蔽处绞死。由此可见，公开行刑主要适用于平民百姓。历代对皇亲国戚、达官贵人行刑一般都有优待办法。

另外，对妇女的公开行刑也有所限制。根据《左传》记载，春秋时，妇女就不在朝市行刑。③唐代，妇女犯死罪非斩者，可以在隐蔽处绞死。

（二）当代刑罚执行场所

1. 监狱。奴隶制、封建制下的监狱的性质是“人身保管场”，用于关押未决犯或等待执行刑罚的罪犯。到了19世纪，现代的监狱系统才建立，使监禁本身成为一种刑罚。

---

① 崔建林主编：《中华文化常识千讲》，第194页，长春，吉林大学出版社，2010。

②《周礼·秋官·掌戮》：“凡杀人者，踣诸市，肆之三日；刑盗于市；凡罪之丽于法者亦如之。……唯王之同族者与有爵者，杀之于甸师氏。”

③《左传·襄公十九年》：“虽有刑不在朝市。”

在现代教育矫正行刑思想的影响下，监狱不再是一个侮辱、残害罪犯的场所，而是一个通过各种方式帮助罪犯改邪归正、重新做人的地方。从 1870 年第一届世界监狱大会开始，犯罪被越来越多地视为“道德上的疾病”，而监禁刑也被注入了改造思想，1925 年的第五届大会则进一步提出相对不定期刑是刑罚个别化的必然趋势。20 世纪 20 年代后期，加拿大开始了囚犯分类计划、专门的少年设施、综合的工业农业体制和关于善行减免和假释的规定。①

同时，部分国家监狱里也包含了执行其他刑罚的专门的行刑室。比如：新加坡的鞭刑室。鞭刑室非常宽敞，天花板很高，地板锃亮。在房间尽头有一列桌子，监狱的官员坐在桌子后监督行刑。在房间的另一头立着鞭刑架。鞭刑架高 2.74 米，用木料制成，相当牢固。犯人将被赤条条绑在刑架上，两个狱警分立两侧。打鞭时，只有监狱官、狱卒和医疗人员能在场。

随着死刑由公开变为隐秘，且执行死刑的科技、人文含量在提高，世界各国建造了专门的行刑室、行刑车来执行死刑。如注射死刑需要注射执行室和专门的设备器材。罪犯经验明正身后，被固定在执行床上，由法医连接注射通道，法警具体行刑。从启动注射泵向罪犯注射药物到确认罪犯死亡只要几十秒钟。注射药物由最高人民法院专门配制提供。

拓展阅读

忏悔的谴责：“独居”②

约翰·霍华德认为，独居制不仅比肉刑更人道，而且也更有效。独自而沉默地在其单人牢房里囚禁，作恶者将不得不面对自己的良心，向这一“忏悔的谴责”的鞭子投降。

1821 年，在纽约州的奥本感化院进行了最激烈的独居制试验。一组囚犯被关押在他们各自的单人牢房里，没有任何娱乐，也没有劳动。许多被试验者都自杀了，因此这一计划两年以后就被抛弃了。

法国犯罪学家亚丽克西斯·德托奎维尔和古斯塔夫·德波蒙特对这种极端主义进行了谴责：“这不是改造，这是谋杀。”

奥本监狱的制度随后被改为允许囚犯白天沉默工作，只在晚上单独监禁。这就成了奥本制或“沉默接触制”。

① [加] 西莉亚·布朗奇菲尔德：《刑罚的故事》，郭建安译，第 47 页，北京，法律出版社，2006。
② [加] 西莉亚·布朗奇菲尔德：《刑罚的故事》，郭建安译，第 31—33 页，北京，法律出版社，2006。

2．社区。20 世纪七八十年代以来，各国都在不断进行刑罚制度的创新，刑罚制度已经从以监禁刑为主的阶段进入了监禁刑与非监禁刑并行的阶段。

社区矫正就是与监禁矫正相对的行刑方式。它是一种不使罪犯与社会隔离并利用社区资源教育改造罪犯的方法，是所有在社区环境中管理教育罪犯方式的总称。简单地说，就是让符合法定条件的罪犯在社区中执行刑罚。国外较常见的包括缓刑、假释、社区服务、暂时释放、中途之家、工作释放、学习释放等。

我国于 2003 年开始了社区矫正试点工作，2009 年在全国全面试行，社区矫正工作发展迅速，覆盖面稳步扩大，社区矫正人员数量不断增长。2011 年 2 月 25 日，十一届全国人大常委会第十九次会议审议通过《中华人民共和国刑法修正案（八）》，明确规定了对判处管制、缓刑以及假释的罪犯依法实行社区矫正，标志着我国社区矫正法律制度的确立，为改革完善我国刑罚执行制度奠定了重要基础。2012 年 1 月 10 日，最高人民法院、最高人民检察院、公安部、司法部下发关于印发《社区矫正实施办法》的通知。2012 年 3 月 1 日，《社区矫正实施办法》正式施行。

社区矫正作为行刑社会化的一种方式，一方面使服刑人员得到有效监管；另一方面，社区矫正通过弱化监狱的封闭性、放宽罪犯自由度、增加罪犯与社会的联系，促使罪犯掌握生活技能与相关社会知识、塑造罪犯符合社会正常生活的信念和人格，摆脱犯罪“标签”的影响，使其能够更快、更好地融入社会，达到预防犯罪的目的。可见，社区矫正不仅体现了对人的尊严的尊重，更重要的是满足了罪犯再社会化和实现自我发展的需求。

拓展阅读

社区服务令

一般认为，现代的社会服务令起源于英国。英国最早在 1972 年的《刑事司法条例》中创立“社区服务”的刑种，是世界上第一个建立和推广社会服务令处罚措施的国家。该条例规定，法院判处社会服务的最长期限是 240 小时，最短为 40 个小时，法官可以判令被告人进行无偿的社区服务工作，让违法者从事有益于社会的各种公益劳动，以弥补因其违法行为而给社会和个人造成的损害。这类命令通常根据缓刑犯监督官的报告而提出，同时必须征得罪犯本人的同意，并于 12 个月之内执行。对于违反该命令的行为可处以罚金，或撤回该命令并施以任何原来可施加于该罪行的惩罚。

四、执行手段

每一样刑具的发明和每一种刑罚手段的设计，都有着人类高度智慧的参与，都是对于人类文明产物的一种特殊利用。因此，刑罚通过什么样的方式实现，也体现了刑罚从野蛮到文明的嬗变。

图 3-14　刑罚演进史

小贴士

人类对待人类的残暴造成了数千次的哀悼。

——［苏格兰］罗伯特·彭斯

（一）死刑的行刑方式日渐文明

死刑，作为一种剥夺生命的刑罚，本身就是最残酷的刑罚，是刑罚强度之极限。但在漫长的古代社会，统治阶级为了最大限度发挥死刑对臣民的威慑作用，最有效地惩罚犯罪者，不断地变化死刑的行刑方式。在中国古代历史上，就有十大酷刑，主要包括剥皮，腰斩，车裂，俱五刑，凌迟，缢首，烹煮等。其中尤其以凌迟最为残酷。

拓展阅读

"千刀万剐"

凌迟或磔刑，俗称"千刀万剐"，属于最残酷的死刑之一。凌迟是指刽子手把受刑者身上的皮肉分成数百至数千块，用小刀逐块割下来。受刑者往往要忍受数小时的痛楚才会气绝身亡。而且，行刑很有讲究，如果受刑者立刻死亡，或刀伤不正确，则说明刽子手行刑失败，刽子手也可能会受罚。此刑罚主要在中国古代实施，但西方也有类似的记录。

罗马帝国君士坦丁大帝曾下令对女巫采用铁钩将骨肉分离至死亡的刑罚，类似凌迟。而史上第一位有名气的女数学家希帕提娅（Hypatia），也被基督教暴民以类似手法杀害。中世纪欧洲有以铁梳切掉皮肉的死刑，16世纪日耳曼地区仍有实施。

在中国，凌迟起源至春秋时期的"醢"。五代开始出现凌迟，明清时达至高峰，用刑广泛。明武宗时，宦官刘瑾被施以此刑，据说割了三天三夜。此刑罚主要针对叛国者，因此受刑者也包括受了反间计，被指判叛国罪的明末将领袁崇焕。

由于凌迟过于残酷，历代以来均有不少人主张废除。最终，在1905年，凌迟和其他极刑一起废除，自此全球再没有实行纪录。

汉朝进行刑罚改革后，法定的死刑就只有腰斩、弃市、枭首等几种，种类大为减少，残酷程度也有所降低。自隋唐以后，常用的法定死刑就剩绞和斩两种。清末法制改革，废除斩刑，只规定了绞刑作为法定死刑执行方式。新中国成立后，以枪决为唯一的法定执行死刑方式。近年来，为了体现人道主义精神，1996年修改的《刑事诉讼法》，增加了注射死刑为法定死刑执行方式，并且秘密执行，死刑的执行方式越来越趋向文明。

不可否认，从古代五花八门的极刑，到现代的枪决，再到今天的药物注射执行死刑，中国执行死刑的方法发生了理性变化。这种发展变化不是简单的执行死刑方法的变化，它的背后是以刑罚观念改变为基础，体现的是社会法治文明和社会观念变化。

（二）刑罚体系由以肉刑为主向以自由刑为主转变

肉刑是指残害肉体的刑罚。起源于"杀人者死，伤人者创"的原始同态复仇论。广义的肉刑包括死刑。奴隶制五刑墨（刺面并着墨）、劓（割鼻）、剕（断足）、宫（割势）、大辟（死刑）均属于肉刑。狭义的肉刑指除死刑外的其他刑罚，以其侵刻肌肤、残害人体，故名肉刑。

在我国，肉刑始于夏、商、周三代。春秋战国时期，肉刑的适用更为广泛。晏婴作为使臣到齐国谈及对齐国的印象时，就曾当着齐景公的面说："国之诸市，屦贱踊贵。"[①]说明当时受刖刑的人很多。

拓展阅读

孙膑与剕刑

孙膑是孙武的后代子孙。孙膑曾经同庞涓一起学习兵法。庞涓仕魏之后，被任为将军，但他自己认为才能比不上孙膑，便暗中派人召见孙膑。孙膑来到以后，庞涓害怕他超过自己，因而妒忌他，就利用法令施行刑罚，砍断他的两只脚，并且在他脸上刺字，想让他终身不得重用。不久，齐国的使者到了魏国，孙膑以罪犯的身份暗地里会见齐国的使者，向其游说。齐国的使者认为孙膑很有才华，便偷偷地和他乘车来到齐国。齐国的将领田忌友好地以贵客的礼遇来接待他，并予以重用，从此，这位轮椅上的将军，凭借非凡的军事才华，指挥千军万马驰骋疆场。

汉文帝在位期间，先后废除了肉刑中的墨、劓、斩左右趾（实即剕刑），代之以劳役刑、笞刑和死刑三种刑罚。"诸当完者，完为城旦舂；当黥者，髡钳为城旦舂；当劓者，笞三百；当斩左止者，笞五百；当斩右止……皆弃市。"[②]其总的精神是由重刑改轻，如黥刑改为劳役刑，劓刑改为笞刑。但实际操作中，除了斩右趾变为死刑加重刑罚外，笞三百、笞五百往往数目未达而人已死。所以东汉史学家班固一针见血指出，这种改革"外有轻刑之名，内实杀人。"景帝即位后，继续刑制改革，两次颁布诏书，将肉刑数量大幅度减少，最后，由五百个减少到了二百个。同时，还规定了刑具的长短薄厚，以及受刑的部位，行刑中间不许换人等。但宫刑在这次改革中没有废除。[③]

---

①《左传·昭公三年》。

②《汉书·刑法志》。

③ 张铭一：《国学知识全读本》，第 8 页，武汉，武汉出版社，2010。

文景时期的刑制改革是中国古代刑制从野蛮时期到文明时期的转折点。此后，到南北朝时期，肉刑逐渐被废除。封建五刑制在北齐时出现了雏形。隋朝时期，由笞、杖、徒、流、死构成的新五刑成为定制，并为后世一直沿用。笞刑和杖刑虽也是肉刑，但已不同于墨、劓、剕、宫这种对人造成永久性伤害的残酷肉刑。

清末修律揭开了中国近代建立以自由刑为中心的刑罚体系的新篇章，《大清新刑律》完全废除了肉刑，引进了西方以自由刑为主的死刑、无期徒刑、有期徒刑、拘役和罚金的刑罚体系，并规定了褫夺公权和没收两种从刑。至此，肉刑在中国历史上彻底走向了灭亡。

拓展阅读

不听话就打PP——笞刑

笞刑，就是我们俗称的打板子。始于东汉文帝，是古代“五刑”之一，是以竹、木板责打犯人背部、臀部或腿部的轻刑，针对轻微犯罪而设，或作为减刑后的刑罚。汉景帝时期的《棰律》规定了刑具规格、受刑部位，同时在实刑时中途不得换人，彻底固定下笞刑的刑具是竹板及其长度厚度。这个是古代刑制改革的要点之一。

清朝1911年正式颁布《大清新刑律》，废除肉刑。但北洋政府1914年7月30日公布了《徒刑改遣条例》，赤裸裸地恢复了曾分别被清政府和孙中山废除的遣刑和笞刑。

在世界各地笞刑作为一种刑罚，被广泛使用并长期存在。日本古代有仿自中国唐律的笞刑，打屁股。明治维新后推行“文明开化”而废止，但在其殖民统治过的台湾地区和朝鲜曾施行笞刑，都是打屁股，限打16岁以上60岁以下的男性。

台湾的笞刑直到1921年4月28日，时任“台湾总督”田健治郎发布律令第7号“废止罚金及笞刑处分例”，下令从1921年5月1日起终止罚金易科笞刑处分。

图3-15 2010年12月16日一名伊朗男子因为违反该国的道德法在公共场合接受鞭刑惩罚的场景

如今的笞刑只限鞭刑，沿用自英国和英属印度的刑法。今日世界上共有16个国家实施类似鞭刑，如阿富汗、巴哈马、文莱、伊朗、约旦、马来西亚、巴基斯坦、沙特阿拉伯、南非、苏丹、斯威士兰、特立尼达和多巴哥、阿拉伯联合酋长国、也门、津巴布韦及新加坡。新加坡判处鞭刑最高可12鞭或24鞭；15岁以下未成年犯，判处最多细藤6鞭。鞭刑的行刑部位是犯人臀部。

（三）受刑范围由株连无辜变为罪责自负

株连，即因一人有罪而牵连他人遭受刑罚处罚。一般而言，株连包括族诛和连坐两种。族诛就是由一个人的死罪扩展为家族成员的共同死罪。连坐是一人犯罪而牵连他人一块受罚，但不一定是死刑，可能是流放刑、迁徙刑、笞杖刑等。所以从某种意义上来说，族诛也是连坐的一种，是死刑的连坐而已。

据《尚书》记载，夏启和商汤在出征之前的训词中威胁部下，警告他们如果在战争中不听从命令，就会将犯者连同其子一起处死，这被视作是族刑在立法上的最早记载。

图3-16　大亚湾发现明朝官员株连九族后的千人合葬墓

族诛主要有三族和九族之分。“三族”即父母、兄弟、妻子。《史记·李斯传》：“父子相哭，而夷三族。”李斯这位宰相的三族，都惨死于秦二世的屠刀之下。隋炀帝时又发明了“株连九族”之刑。“九族”包括：父族四（指自己一族、出嫁的姑母及其儿子一家、出嫁的姐妹及外甥一家、出嫁的女儿及外孙一家）、母族三（指外祖父一家、外祖母的娘家、姨母及其儿子一家）、妻族二（指岳父的一家、岳母的娘家）。其实，九族应为一虚称。在我们的文化中，“九”是最高之数。而九族之诛往往施之于重大政治犯罪，一旦大狱炼成，只要是与犯罪人沾亲带故，都将受到无辜株连。

拓展阅读

方孝孺：历史上唯一被诛十族之人

方孝孺（1357—1402），浙江宁海人，明代政治家、学者、文学家、散文家、思想家。在“靖难之役”期间，拒绝为篡位的燕王朱棣草拟即位诏书，刚直不屈，孤忠赴难，被诛十族。

方孝孺是建文帝最亲近的大臣，他也视建文帝为知遇之君，忠心不二。朱棣篡权称帝后，命其草拟即位诏书。方孝孺疾书“燕贼篡位”数字，掷笔于地，宁死不从。朱棣气急败坏，恨其嘴硬，叫人将方孝孺的嘴角割开，撕至耳根。孝孺血涕纵横，仍喷血痛骂。

于是，朱棣一面将其关至狱中，一面搜捕其家属，当其面一一杀戮。方孝孺强忍悲痛，始终不屈。最终，朱棣就在九族之上又加一族，连他的学生朋友也因此而受牵连。这就是亘古未有的“灭十族”，总计 873 人全部凌迟处死，入狱及充军流放者达数千。

虽然在隋炀帝时发明了“株连九族”，在明成祖时甚至发展到了“株连十族”，但其实株连这一制度在隋唐以后就逐渐走向规范化了，仅限于谋反、大逆等严重危害统治阶级利益的犯罪。女性只被罚没为奴的做法也被法典所吸收。同时，隋唐法律还规定了对出嫁女子、被收养者一般不再适用株连（谋反除外），并按照矜恤原则对年老、废疾、笃疾者予以宽免。这些制度基本为后世沿用。从历史发展的总体趋势看，株连制度逐渐法制化、规范化以及株连的对象和范围逐渐缩小是不争的事实。

清朝，臭名昭著的文字狱虽大兴族刑之道。但到清末，西学东渐，在世界范围内的刑罚改革浪潮中，株连制度也走到了尽头。1905 年，在修律大臣沈家本、伍廷芳的努力下，清政府才终于正式宣布废除这项惨无人道的刑罚制度。1910 年清政府公布的《大清新刑律》，依照西方近代刑罚体系并吸收当时世界流行的刑法理论，规定了罪刑法定、罪刑相适应以及罪责自负等原则。

拓展阅读

清末法制改革先驱——沈家本

沈家本（1840—1913），字子惇，别号寄簃，菱湖竹墩人，生于湖城。沈家本是近代中国法制思想的先驱者。他曾考察欧美法律，主持翻译法、俄、德、意、美、日等国的法典及法学著作33种，并以此作为法制改革的借鉴。光绪三十一年（1905），奉朝廷命主持修改法律。他大胆破除了中国法典长期沿袭的“民刑一体”的传统结构，实行“民刑分典”，先后编定《大清新刑律》《大清民律草案》；参照欧美审判制度，制定《大清刑事民事诉讼法》；又改革行政司法混合为一，层层辖制的现状，先后制定《大理院审判编制法》《各级审判厅试办章程》和《法院编制法》，使政刑分离，司法独立。同时，沈家本从“以法治国”出发，大力主张“立法善，执法严，法贵得人”等进步的法制思想，在他制定的新法律中废除了凌迟、戮尸、枭首等不人道的酷刑，又废除了株连治罪，禁止人口买卖，终于获得清廷的批准。从此在我国延续了1000多年的凌迟、戮尸、枭首等残酷刑罚才从法律上消失。

（四）行刑场所由野蛮走向文明

监狱是国家的暴力机器，随着国家的产生而产生，为维护统治阶级的利益而服务。因此，不同社会形态下、不同刑罚理念下的监狱体现了它不同的职能与管理。

在以死刑和肉刑为主的奴隶制、封建制社会，监狱是统治阶级残害人民的罪恶场所。它以临时羁押、惩罚为目的，以任意苦辱折磨为手段，贿赂公行，草菅人命。

据《汉书》记载，“后元二年，武帝疾，往来长杨、五柞宫，望气者言长安狱中有天子气，上遣使者分条中都官狱系者，轻、重皆杀之”。君主仅仅因为听信长安狱内有“天子气”这一迷信说法，为保住自己龙位，就不论轻重将狱内所有人都杀死了。

在监狱被关押的人，即使苟且留下一条命，狱室的环境跟酷吏的折磨也是让人难以忍受的。南宋民族英雄文天祥曾被俘于元人土室，从他的《正气歌·序》中我们可以一窥元人囚室的环境：“余囚北庭，坐一土室。室广八尺，深可四寻，单扉低小，白间短窄，汙下而幽暗。当此夏日，诸气萃然；雨潦四集，浮动床几，时则为水气。涂泥半朝，蒸沤历澜，时则为土气。乍晴暴热，风道四塞，时则为日气。檐阴薪爨，助长炎虐，时则为火气。仓腐寄顿，陈陈逼人，时则为米气。骈肩杂沓，腥臊污垢，时则为人气。或圊溷，或毁尸，或腐鼠，恶气杂出，时则为秽气。叠是数气。……”

拓展阅读

“蹲监狱”的由来

古代囚禁犯人的监房，围墙高大坚厚，狱房通常都比较狭小。我国现存的最古老的一座监狱，是山西省洪洞县城内的旧县衙监狱，它始建于明朝洪武年间，距今已有600多年的历史。由于曾经囚禁过名妓苏三，也被称为苏三监狱。

监狱的监房很小，每间只有4平方米左右，犯人进去，无法躺下，只能坐着或蹲着。所以，古时候人们触犯法律被抓进监狱，就称作“蹲监狱”或“坐牢房”。明代标准的死囚牢房，是在死囚牢院内设枕头窑一孔，隔为三间，也称窑洞院。这种监房面积更小，犯人转身不得，更为难受，再加上深灰色的外墙，愈加显示出一种阴森萧飒的气氛。

古代监狱在拘系犯人的时候，为了防止犯人逃跑、暴动和自杀，会给他们佩戴戒具。早在商代就有长条状、两头呈锐形的刑具来拘械犯人的手，称为“梏”。甲骨文中的“圉”字，就形象地表现了被囚者梏手跽坐在狱中的情况。后来衍发到有械足的“桎”，两者常合称为“桎梏”。再到后世，还有各种各样的刑具比如站笼、匣床等。

图 3–17 匣床

比刑具更可怕的是狱吏。狱吏“以狱为市”，公开索贿受贿。“若不得钱，不与燥地，不通饮食”。遇到无钱之囚，则视作“犹犬豕，不甚经意，初有小病不加审诘，必待困重方以闻官，甚至死而后告。”

到唐代，在唐太宗“宽仁治狱”思想指导下，监狱制度才有所改善。监狱开始实行男女异狱，并为犯人提供基本的生活和医疗条件。对狱吏，也规定了他们的责任。并承汉制，录囚以平理冤狱。明清基本继承了唐代狱制。

图 3-18　淮安府衙里的站笼

惩罚与改造相结合的近代监狱制度始自清末。在清末监狱改良运动中，创办了新式监狱和习艺所，使犯人开始职业训练，开辟了罪犯改造新途径，表明了感化教育和人道主义逐渐取代惩罚报复主义，成为监狱的指导原则。而且，清廷还组织起草了我国历史上第一部独立的监狱法典（草案）《大清监狱律草案》，尽管未能正式颁行，但它仍标志着中国监狱制度向文明和进步迈开了一大步。

1994 年 12 月 29 日第八届全国人大常委会第十一次会议审议通过的《中华人民共和国监狱法》，是新中国颁布的第一部社会主义监狱法典。它标志着我国监狱工作已经进入了全面法制化的轨道。2004 年司法部在《现代化文明监狱标准》中提出了监狱工作要坚持“惩罚与改造相结合，以改造人为宗旨”的方针，逐步实现法制化、科学化、社会化。

第四章

刑罚的趋势

纵观人类刑法的发展历史和现状，刑罚的发展总体上呈现出这样一条运动轨迹：由残酷走向轻缓，从野蛮走向文明。进入现代社会以后，受自由、平等、博爱等观念的影响，特别是欧洲启蒙运动以来随着人道主义的深入发展，生命刑（部分国家）、肉体刑等残酷刑罚逐步被废除，自由刑成为刑罚体系的中心，甚至在许多发达国家，自由刑的中心地位也受到社区矫正、财产刑等非监禁刑的冲击，出现非犯罪化、非刑罚化的倾向。

一、刑罚的轻缓化

刑罚轻缓化是与重刑化相对的一个概念，其本身并不是一个严格的法律概念，它是指刑罚发展的一种动态趋势，是刑罚在历史发展过程中，由野蛮走向文明，由严酷走向轻缓，由残忍走向人性的一种趋势。

刑罚轻缓化伴随着人类历史发展的日趋文明而生。从原始社会的血亲同态复仇到刑事处罚权收归国家所有，凸显了刑事处罚由野蛮的私力报复向文明的国家处罚发展；从奴隶社会的等量报复观念到近代社会的目的刑观念，呈现出刑事处罚由单一的惩罚向惩罚和教育相结合的转变。14 世纪以前，东西方各国的法律制度都曾制定重刑典以维护当时的统治秩序。14 世纪西方开始推崇自由、平等和博爱的启蒙思想。启蒙思想家们以自然法理论和社会契约论为基础，提出了罪刑法定、罪刑相称等体现人文关怀的新刑罚理念。20 世纪以后，随着刑事实证学派教育刑、目的刑和社会防卫思想的进一步推行，刑罚制度的发展进入了一个以人道主义为基础的新阶段。20 世纪 90 年代，法国和俄罗斯先后修订了本国的刑法，废除了流放等缺乏人道的刑种，制定了轻刑化的刑法典，在全世界范围内掀起了刑罚轻缓化的改革浪潮。

（一）动态演变

从人类历史的发展来看，刑罚的设置总体上是由残酷走向轻缓。近代以来，受启蒙思想家的自由、平等、博爱观念的影响，自由刑逐步取代了生命刑和肉刑的地位；受世界性刑罚轻缓化改革的影响，自由刑的中心地位又受到了罚金刑的有力冲击。然而，无论西方国家还是中国，都在走着一条刑罚轻缓化的道路。

1. 西方国家刑罚轻缓化演变。西方国家的刑罚体系先后经历了以死刑和身体刑为中心到以自由刑为中心的刑罚体系，最后发展为以罚金刑和自由刑为中心的刑罚体系。在古代，国王和贵族们的权威至高无上，对犯罪行为的惩罚也极其简单明了，大约只有两种：要么是处死，要么是奴役。从中世纪到 19 世纪，官方施行刑罚的目的主要是报复犯罪，兼收惩治邪恶和震慑不轨之效。

较久之前，欧洲的法律便已经要求司法者必须取得罪犯的供词后才能对其定罪。于是一些热心的志愿者便被派到用于拷问疑犯的内庭去，在那个令人毛骨悚然的地方，这些人充分运用暴力以及刑技方面的想象力，迫使嫌疑犯招供。以国王和国家的名义滥用权力的情况时有发生，而且骇人听闻。很长一段时间里，被处以死刑的人数与总人口数是同步增长的。

文明的进步促使公众对酷刑的不满与日俱增。人们无法再容忍当局野蛮地折磨犯人以及把稍有过失的市民动辄处死，于是，流放和监禁这两种刑罚手段得以出现并逐渐成为重要的刑罚措施。英国伦敦的矫正院和荷兰的阿姆斯特丹工作场便是现代监禁刑的雏形。

在历史慢慢翻过 19 世纪沉重的一页时，一些睿智的思想家、慈善家和基督教改革者都在合力寻求对刑罚进行符合人道要求的变革。最终，刑罚的重点被定义为积极改造犯人而不是报复性地惩罚犯人。20 世纪的刑罚主要是监禁和死刑——随着时间的推移，死刑逐渐为大多数国家所禁止。刑法学家开始着手建立与不同罪行相称的各种刑罚方式，如罚金刑、社区服务、电子监控等。

链接

《汉谟拉比法典》是古巴比伦国王汉谟拉比（约公元前 1792—前 1750 年在位）颁布的法律汇编，是最具代表性的楔形文字法典，也是迄今世界上最早的一部完整保存下来的成文法典。原文刻在一段高 2.25 米，上周长 1.65 米，底部周长 1.90 米的黑色玄武岩石柱上，故又名“石柱法”。其竭

图 4-1　汉谟拉比法典

力维护不平等的社会等级制度和奴隶主阶级的统治地位，确定了私有制，此外还保留了同态复仇原则和神明裁判的习惯。

电子监控手链是一种现代的监视犯人行踪的工具。借助这个系统，犯人可以在较小的范围内自由活动。

电子脚镣，具有定时自动以无线电等方式回传功能的脚环，是一些国家或地区（如韩国、中国台湾地区等）为确保犯罪嫌疑人不逃跑的电子刑具。被判处管制、社区劳役或者在侦查阶段被取保候审的犯罪嫌疑人，被带上特制的电子脚镣，以确保其无法逃跑以及无法再次进行犯罪活动。这种脚镣在超越事先划定的地域后，就会发出警报。

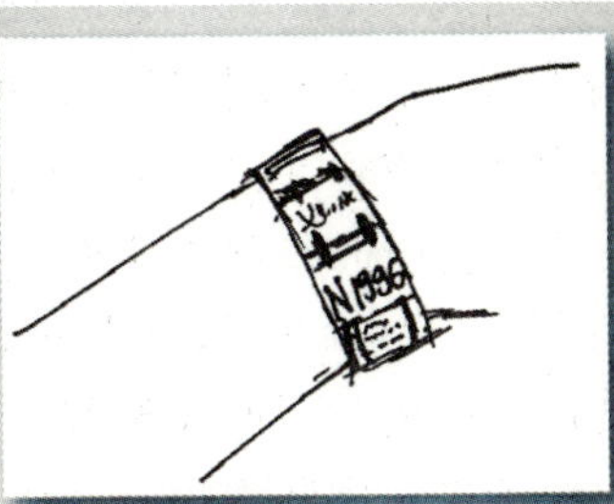

图 4-2　电子监控手链

图 4-3　电子脚镣

第二次世界大战后，世界各国的刑事政策朝着所谓“宽松的刑事政策”和“严厉的刑事政策”两个不同的方向发展，这种现象称为刑事政策的两极化，也就是“轻轻重重”。“轻轻”，就是对轻微犯罪的处理比以往更轻，即轻者更轻。“重重”，就是对严重犯罪的处理比以往更重，即重者更重。轻轻重重或两极化的刑事政策是在立法变动的层面上展开的，属于狭义或广义范畴的刑事政策，它或是对国际刑法改革运动成果的总结，或是某些具体的刑事政策研究成果本身就直接指导了立法，但都是在刑罚总体上走向轻缓的基本趋势下，在具体时空下的有宽有严。

2. 我国的刑罚轻缓化沿革。以重刑思想为主导的我国古代刑罚极为残酷、野蛮，以死刑和肉刑为主。最早制定肉刑的是南方的先进部落——苗。据载，苗族的肉刑有四种：劓、刵、椓、黥。公元前 21 世纪，夏在征服苗族之后，为了统治沦为种族奴隶的苗民，袭用了苗族原有的肉刑，所谓“抵其意而用其法”。

到了奴隶社会的鼎盛时期——周朝，奴隶制五刑进一步系统化、制度化。五刑是墨、劓、剕、宫、大辟。其中墨刑为五刑中最轻之刑，后世称“二黥”，为额头刺青之刑；劓刑为割鼻之刑；剕刑亦称刖、髌，为断足或去掉膝盖骨之刑；宫刑为男子去势，女子幽闭，为破坏生殖功能之刑；大辟即死刑，为剥夺生命之刑。上述五刑，除大辟外，其他四种都属于断裂肢体和刻裂肌肤的肉刑。

肉刑是奴隶刑罚体系的构成部分，战国、秦朝和汉初依然沿用。到了汉朝，没有人身自由的奴隶早已转化为只依附于土地的农民。肉刑已不再适应时代发展的需要。为顺应历史发展的趋势，文景两帝进行了废除肉刑的改革。文帝时，用徒刑、笞刑和死刑代替黥、劓、刖左右趾三种肉刑；将黥刑改为髡城旦舂，即五年苦役；劓刑改为笞三百；斩左趾改为笞五百；斩右趾改为弃市。但是，这次改革“外有轻刑之名，内实杀人”，这就促使了景帝再次对刑罚体制进行改革，主要是减少笞刑，并制定了棰令，对笞的规格大小，加笞的部位都做了具体的规定。文景帝刑制的改革使刑罚手段从破坏人的肢体完整向使罪犯忍受皮肉之苦转变。

历史发展到封建社会的全盛时期——唐，统治者对刑罚体制进行了改革，将断右趾改判流刑；改连坐死刑为流刑，开始了刑罚轻缓化的道路，并最终确立了封建制五刑即笞、杖、徒、流、死。其中，笞刑是五刑中最轻的一种，是击打犯人的腿、臀部的一种刑罚方法；杖刑仅重于笞刑，是用三尺五寸长的竹杖击打犯人的背、腿、臀部的一种刑罚方法；徒刑是一种让犯人戴枷或束钳，剥夺其自由，强制其服劳役的一种刑罚方法，具有自由刑与奴役刑双重属性的特点；流刑是将犯人押送到边远地区，并强制其戴枷或束钳服苦役的一种刑罚方法；死刑的执行在法律上只规定绞、斩两种。

图 4-4　杖刑

图 4-5　大枷

1840 年第一次鸦片战争以后，一系列不平等条约的签订使得清政府的闭关锁国政策无法继续下去，民主、自由、人权思想在中国大地上广泛传播。清政府迫不得已修改法律。1905 年沈家本改订《大清律例》为《大清现行刑律》，废除封建制五刑，同时参考西方先进的法律制度，制定了《大清新刑律》。这两部刑律的出台，使大清的酷刑被废除，确立死刑、无期徒刑、有期徒刑、拘留、罚金五种刑罚。虽然该部法典还没来得及实施，清政府便被辛亥革命的炮火推翻了，但此次刑律的修订，开启了我国刑罚轻缓化之门。

新中国成立以来，刑罚经历了刑事政策从“惩办与宽大相结合”到“严厉打击刑事犯罪”（简称“严打”）再到“宽严相济”的调整过程。

（1）“惩办与宽大相结合”的刑事政策。在新中国成立后的很长一段时期内，刑事立法和刑事司法中主要贯彻的刑事政策是“惩办与宽大相结合”的政策。1956年中国共产党第八次代表大会的政治报告中指出：“我们对反革命分子和其他犯罪分子一贯地实行惩办和宽大相结合的政策，凡是坦白的、悔过的、立功的，一律给予宽大的处置。”这是新中国第一次正式地将“惩办与宽大相结合”的政策确定下来并作为基本刑事政策。1979年颁布的《中华人民共和国刑法》中，“惩办与宽大相结合”的刑事政策变成了刑事立法政策。其第1条规定，“中华人民共和国刑法，以马克思列宁主义毛泽东思想为指针，以宪法为根据，依照惩办与宽大相结合的政策，结合我国各族人民实行无产阶级领导的、工农联盟为基础的人民民主专政即无产阶级专政和进行社会主义革命、社会主义建设的具体经验及实际情况制定。”这一规定清楚地表明，“惩办与宽大相结合”的刑事政策是作为指导刑事立法活动的刑事立法政策。在该部刑法的各个部分，都体现了惩办与宽大相结合的刑罚理念。而且，在刑法颁布之后的刑事司法活动中，也体现了这一理念，使惩办与宽大相结合的刑事政策同时也作为基本的刑事司法政策，在刑事司法活动中发挥指导作用。

图4-6　严打工作会议

（2）“严打”的刑事政策。1983年开始的“严打”，修改了“惩办与宽大相结合”的刑事司法政策。这一刑事政策确立的标志是中共中央在1983年8月25日举行的全国政法会议上做出的《关于严厉打击刑事犯罪活动的决定》。根据这个决定，“严打”正式开始。以后又进行了多次“严打”，使“严打”成为20多年来中国刑事司法机关长期执行的刑事司法政策。随着体现“严打”精神的刑事立法的出台，“严打”也转变为刑事立法政策。在1983年8月25日至同年9月2日举行的第六届全国人大常委会第二次会议上审议通过的《关于严惩严重危害社会治安的犯罪分子的决定》和《关于迅速审判严重危害社会治安的犯罪分子的程序的决定》，对刑法和刑事诉讼法的有关规定做了补充和修改，用法律的形式肯定了从重从快惩处犯罪的方针，使“严打”具有了法律依据，体现为刑事立法政策。此后颁布的多部单行刑事法律，都不同程度地体现了“严打”的刑事政策，使其得到了充分的贯彻落实。

（3）宽严相济的刑事政策。2005年12月5日至6日召开的全国政法工作会议上提出要注意贯彻宽严相济的刑事政策。“宽严相济”是指“对刑事犯罪区别对待，做到既要有力打击和震慑犯罪，维护法制的严肃性，又要尽可能减少社会对抗，化消极因素为积极因素，实现法律效果和社会效果的统一”。“贯彻宽严相济的刑事政策，一方面，必须坚持‘严打’方针不动摇，对严重刑事犯罪依法严厉打击，在稳准狠上和及时性上全面体现这一方针；另一方面，要充分重视依法从宽的一面，对轻微违法犯罪人员，对失足少年，要继续坚持教育、感化、挽救的方针，有条件的可适当多判一些缓刑，积极稳妥地推进社区矫正。”这是我国高层出台“宽严相济”的刑事政策的重要标志，标志着中国刑事政策的重大转变。在2006年10月11日中国共产党第十六届中央委员会第六次全体会议通过的《中共中央关于构建社会主义和谐社会若干重大问题的决定》中，再次明确指出，“实施宽严相济的刑事司法政策，改革未成年人司法制度，积极推行社区矫正。”应该说，宽严相济的刑事政策的出台，是中国社会各个方面共同思考和努力的结果，是新中国刑事政策的新发展。

（二）宽严相济

宽严相济的刑事政策主要有两层含义：一方面，该宽则宽，当严则严，宽严相济，罚当其罪。在“宽”、“严”的基础上更强调两者的协调配合；另一方面，在“宽”的层面上，采取多种手段化解刑事矛盾，尽可能地避免采用刑事手段，即便采用刑事手段，也应当尽可能地予以“非监禁化”。

贝卡利亚指出：“刑罚的规模应该同本国的状况相适应，在刚刚摆脱野蛮状态的国家里，刑罚给予那些僵硬心灵的影响应该比较强烈和易感，为了打倒一头狂暴地扑向枪弹的狮子，必须使用闪击。但是，随着人的心灵在社会状态中柔化和感觉能力的增长，如果想保持客观与感受之间的稳定关系，就应当降低刑罚的强度。”①贝卡利亚的这段话阐明了一个刑罚理念：刑罚的轻重不是一成不变的，而是以时间和地点为转移，尤其是犯罪和社会的态势在很大程度上决定着刑罚的规模和强度。因而，刑罚的规模和强度应当根据社会环境和社会态势的变动而及时进行调整。

① [意]贝卡利亚：《论犯罪与刑罚》，黄风译，第100页，北京，中国法制出版社，2004。

链接

《刑法修正案（八）》取消13个死刑罪名：走私文物罪，走私贵重金属罪，走私珍贵动物、珍贵动物制品罪，走私普通货物、物品罪，票据诈骗罪，金融凭证诈骗罪，信用证诈骗罪，虚开增值税专用发票、用于骗取出口退税、抵扣税款发票罪，伪造、出售伪造的增值税专用发票罪，盗窃罪，传授犯罪方法罪，盗窃古文化遗址、古墓葬罪，盗掘古人类化石、古脊椎动物化石罪。

陈兴良教授从理论的高度对宽严相济刑事政策的内涵进行了解读，他认为，可以通过对“宽”、“严”和“济”这三个关键字的分析来把握宽严相济刑事政策的具体内涵。宽严相济的“宽”是指宽大、宽缓和宽容。其包含两层含义：一是该轻而轻，二是该重而轻。具体可表现为三种情形：一是非犯罪化；二是非监禁化；三是非司法化。宽严相济的“严”，是指严格、严厉和严肃。其中，严格是指法网严密，有罪必罚；严厉是指刑罚苛厉，从重惩处；严肃是指司法活动循法而治，不徇私情。同时，在对“严”的理解上，必须要理性把握严格和严厉的关系，具体就是要做到“严而不厉”，即法网要严密，刑罚却并不苛厉。宽严相济的“济”，有以下三层含义：一是救济，即所谓以宽济严、以严济宽；二是协调，即所谓宽严有度、宽严审势；三是结合，即所谓宽中有严、严中有宽。只有正确把握了“宽”、“严”和“济”的具体含义，才能真正把握宽严相济刑事政策的合理内涵。①

拓展阅读

我国当前的政治目标是构建和谐社会，矛盾和纠纷在和谐社会并不是不存在，犯罪在和谐社会也会存在。和谐社会要求及时地调解矛盾和纠纷，有效地控制犯罪。和谐社会目标在于通过包括法律手段各种方法，使社会矛盾得到有效化解，社会怨愤能够有效疏通，从而保障社会长治久安。而法律的

① 陈兴良：《宽严相济刑事政策研究》，《走向法治30篇影响中国法治进程的法学论文》，第323—324页，湘潭，湘潭大学出版社，2008。

基本作用就在于调节各种社会关系，化解各种社会矛盾。而刑法，则是控制犯罪的一种基本方式。因此，宽严相济的刑事政策能实现妥当处理轻罪与重罪，实现最优刑罚效果。①

小贴士

《刑法修正案（八）》中的从严处罚

一、增加了特别累犯的种类。在危害国家安全罪特别累犯的基础上，又增加了恐怖活动犯罪、黑社会性质组织犯罪两种特别累犯，而且对于这些特别累犯的成立，并不要求前罪与后罪的犯罪性质在类罪名或者具体罪名上完全相同；

二、提高了有期徒刑数罪并罚时决定执行刑期的上限。根据刑法第69条原来的规定，一个罪犯因多个犯罪被判处多个有期徒刑、实行数罪并罚时，无论总和刑期多高，最后实际执行刑期都不超过20年，如此导致量刑结果明显失衡，有违罪责刑相适应原则。这次刑法修正在保留20年这一上限的基础上，将数罪总和刑期在35年以上的，并罚后决定的执行刑期上限提高到了25年；

三、对死缓犯的减刑规定了更加严苛的条件，增加了对严重犯罪分子限制减刑的规定。刑法修正案（八）将在两年考验期间内有重大立功的死缓犯，其两年期满后的减刑幅度由原来的15年以上20年以下明确提高并限定在25年，如此不但明显加大了惩罚力度，而且取消了法官的自由裁量权；

四、通过修改减刑、假释制度，加大了对无期徒刑罪犯的惩罚力度。主要是将被判无期徒刑的罪犯被减刑后实际所服最低刑期由原来的10年提高到13年；对这些罪犯允许适用假释的时间，也由原来实际执行10年以上提高到13年以上；

五、明确限制了减轻处罚的幅度，规定只能在法定量刑幅度的下一个量刑幅度内判处刑罚；

六、删除了自首犯有重大立功表现的，应当减轻或者免除处罚的规定；

七、增加规定对于犯罪集团的首要分子不适用缓刑。

《刑法修正案（八）》中的从宽处罚

一、进一步贯彻对未成年犯从宽处罚的精神。对于符合缓刑适用条件的

① 陈兴良：《宽严相济刑事政策研究》，《走向法治30篇影响中国法治进程的法学论文》，第323—324页，湘潭，湘潭大学出版社，2008。

未满 18 周岁的未成年犯，明确规定“应当适用宣告缓刑”；免除了未成年人一定条件下的前科报告义务；取消了未成年人累犯的规定；

二、对于老年人和孕妇，规定了从宽处罚的原则；

三、缩小了禁止假释对象的范围。刑法第 81 条第三款规定的禁止假释的对象范围比较宽泛，凡是使用暴力手段犯罪被判处十年以上有期徒刑、无期徒刑的，都属于禁止假释之列，这不利于实行区别对待，导致一些恶性不是很大的罪犯不适当地丧失了假释机会。这次修正案将原来的“等暴力性犯罪”限定为“有组织的暴力性犯罪”，这在一定程度上削弱了原有规定过于严苛的色彩，使更多罪犯有了自新之路；

四、增加了坦白从宽的法定量刑情节，根据坦白的不同情况规定了不同的处理原则。

二、刑罚的人性化

在报复刑和威慑刑时期，在社会保护的名义下刑及无辜和罪刑擅断之风盛行，刑罚俨然成为恐怖的象征。随着人道主义思想和人权观念的勃兴，刑罚在保护社会的同时也兼顾对人权的保障，刑罚的人道性日趋彰显。黑格尔指出：“由于文化的进步，对犯罪的看法已经比较缓和了，今天的刑罚早已不像百年以前那样严峻。犯罪或刑罚并没有变化，而是两者的关系发生了变化。”①就个别犯罪而言，“尽管一个犯罪事实（如杀人就是把人杀死）千百年不变，但是社会文化不断发展，对这个犯罪的制裁就会随之不断变化。”②就整体犯罪现象而言，尽管犯罪现象并不减轻甚至趋向严重，尽管犯罪率并未下降甚至趋于上升，作为人类对于犯罪的反应——刑罚却呈现出趋于轻缓的发展态势。如何解释这一悖论？除了犯罪学的发展使人们对犯罪现象和刑罚的认识趋于理性这一原因之外，“基本的一条就是人类随着时间推移对自身价值逐渐觉醒并日益看重”③，“对人身权利的重视（人身价值日益高于非人身价值）必然导致刑罚在总体上的趋轻。”④刑罚体系从以死刑、肉刑为中心到以自由刑为中心，再到广泛适用非监禁刑罚的嬗变，背后直接的推动力量是人性化理念。废除死刑运动之所以在过去短短的几十年里取得迅速进展，“最根本的一点在于世界人权运动的蓬勃发展，是人权将死刑推向了被审判的命运，是人权判处了死刑的死刑。”⑤

---

① [德]黑格尔：《法哲学原理》，范扬、张企泰译，第 99 页，北京，商务印书馆，1961。

②③④⑤ 储怀植：《美国刑法》，第 39 页，北京，北京大学出版社，1996。

英国著名哲学家休谟指出："一切科学对于人性总是或多或少地有些关系，任何学科不论是否与人性离得多远，他们总是会通过这样或那样的途径回到人性。"①刑罚人性化就是人性化在刑罚领域中的体现，或者说是人性化对刑罚的适用执行的要求。

拓展阅读

人性化的表现②

把体现现代化理念的制度化的新规定视为人性化。如司法部《监狱服刑人员行为规范》中删除了不允许"同性恋"的规定，将"罪犯"改称"服刑人员"。

把监狱的器物化的改革当作人性化。如在监舍内增装抽水马桶。

把监狱的创新措施称之为"人性化"，如允许罪犯"特优会见"。

把保障罪犯人权的新措施概括为人性化。

（一）适用的人性化

刑罚适用是落实刑法典中有关刑罚规定的重要环节，是将刑法规定的刑罚与实际发生的案件联系起来的中介环节。从根本上讲，要想实现刑罚人性化，必须在刑法典中规定人性化的刑罚制度。但是不可否认，刑罚的适用有其自身的独立性，如果法官能够科学地适用刑罚，那么刑法规定就能得到恰当的贯彻；如果法官不能科学地适用刑罚，那么刑法规定就难以得到恰当的贯彻，甚至会破坏刑法规定的刑罚制度，造成对整个国家法治的损害。这就要求法官在刑罚适用中正确行使自由裁量权，确保人性化的理念融入到刑罚适用中去。

1. 刑罚适用年龄的人性化。出于人性化的理念，我国刑法对两类特殊年龄的群体做了特别规定，一是对未成年人犯罪，做了减免处罚的规定；二是对已满 75 周岁的老人犯罪，做了一般不适用死刑的规定。

根据《中华人民共和国刑法》第十七条第三款规定："已满 14 周岁不满 18 周岁的人犯罪，应当从轻或者减轻处罚。"第四十九条规定犯罪时不满 18 周岁的人不适用死刑。这是我国现行刑法在刑罚裁量方面对未成年人减免处罚的规定，充分体现了对未成年人以教育为主，惩罚为辅的刑罚理念，也与

① [英]休谟：《人性论（上册）》，关文运译，第 6—7 页，北京，商务印书馆，1980。

② 张晶：《正义试验》，第 164 页，北京，法律出版社，2005。

我国已加入的联合国儿童权利公约第 37 条的规定相符合。儿童权利公约第 37 条规定："缔约国应确保儿童不受酷刑或其他形式的残忍、不人道或有辱人格的待遇或处罚，对未满十八周岁的人所犯罪行不得判以死刑或无释放可能的无期徒刑。"

图 4-7 死刑免除规定

2011 年 2 月 25 日通过的《刑法修正案（八）》第三条规定："审判的时候已满 75 周岁的人，不适用死刑，但以特别残忍手段致人死亡的除外。"首次明确了对老年人的特殊保护，从而填补了我国法律此领域的空白。

2. 刑罚适用性别的人性化。考虑到女性生理结构和心理结构的特点，从人性化角度出发，我国刑法在量刑上对女性犯罪分子作了一些特殊的规定：

（1）对审判时怀孕的妇女不适用死刑。《刑法》第四十九条规定："审判的时候怀孕的妇女，不适用死刑。"这里的"不适用死刑"不是指怀孕时不能判死刑，待分娩后再判处死刑，而是指绝对不适用死刑："审判的时候"既包括人民法院审判期间，也包括公安机关、检察机关羁押审查的期间；关押期间无论是人工流产还是自然流产的妇女，一律视为审判时候怀孕的妇女，不适用死刑。

（2）对于怀孕或子女处于哺乳时期的女犯，在她们被判处无期徒刑、有期徒刑或拘役时，应予暂时监外执行。

3. 刑罚适用生理条件的人性化。《刑法》第十九条规定："又聋又哑或者盲人犯罪，可以从轻、减轻或者免除处罚。"又聋又哑或者盲人虽然生理上出现残疾，但并不会因为身体的残疾而完全丧失辨认是非和控制自己行为的能力，因此，又聋又哑的人或者盲人犯罪，应当与正常人一样负刑事责任。但是，从人性化角度考虑，盲人或者又聋又哑人毕竟有生理缺陷，为此，对他们可以从轻、减轻或免除处罚。

（二）执行的人性化

刑罚裁量做出后，面临的就是对罪犯的刑罚执行问题，除了在对罪犯人权给予充分保护的同时，还应考虑到罪犯特殊的身份问题，主动给予罪犯及时的心理辅导和充分的医疗保障。刑罚的执行是刑罚最为重要的组成部分，是刑罚最终能否达到目的和刑罚能否达到最终完美结果的关键。因此，在刑罚的执行中人权的充分保护显得尤为重要。

在刑罚执行中，罪犯人权保护具体体现为在收监、申诉控告检举、刑罚变更以及安置帮教等四个方面对罪犯合法权利的尊重和保护。

1．收监过程中的罪犯权利保护。收监是指根据我国刑法、刑事诉讼法的相关规定，监狱将人民法院交付执行的判处有期徒刑、无期徒刑、死刑缓期两年执行的罪犯收押的活动。监狱在收监阶段对罪犯权利的保护主要分为三个阶段：验证阶段、检查阶段和入监登记阶段。

（1）验证阶段，监狱对罪犯权利的保护主要表现为：收监时监狱应认真审核相应的法律文书，以保证罪犯人身权利不被任意剥夺或限制。没有收到相应的法律文书，监狱不得收监；法律文书不齐全或记载有误的，监狱不予收监。此即从制度上保证了监狱只能对犯了罪，并经严格审判程序宣判应给予刑罚处罚的罪犯执行刑罚，剥夺其人身自由，对其进行教育改造。除此以外的任何人，监狱都无权收押，否则就是非法监禁。

（2）检查阶段，监狱对罪犯权利的保护主要表现为通过对交付执行刑罚的罪犯进行身体检查、人身物品检查以保护其生命健康权、人身权。入监后，监狱必须对罪犯的随身携带物进行点验，收缴违禁物品，然后由监狱医院按要求对新收监的罪犯进行体检。这些检查既保护罪犯生命健康权，又体现对罪犯作为人的价值的尊重。此外，由女性民警对女犯身体进行搜查，充分体现了对女性人身权的尊重。

（3）入监登记阶段，监狱对罪犯权利的保护主要表现为在收押罪犯时，将罪犯的所有资料记入入监登记表，并贴附照片，这是保护罪犯基本权利的基础。监狱只有充分掌握罪犯个性特征和犯罪的主要原因，才能有的放矢地采取相应的改造措施，对其进行有效的改造。这是罪犯人权得以保护的根本。

另外，收监后监狱应通知罪犯家属，体现了对罪犯亲属的权保护。通过通知罪犯家属，可以使其家属进一步了解罪犯的动态，获得罪犯家属的帮助，携手共同完成罪犯改造工作。

图 4-8　监狱二道门

图 4-9　监狱高墙

拓展阅读

罪犯是人，有人的尊严，有人的需要，对他们的改造必须体现人文关怀，以劝导、明理、喻义为形式，增强改造的针对性、渗透性，恢复良知、开启心智、增进发展，唯其如此，才能将罪犯改造成为“守法公民”。①

2．申诉、控告、检举制度中的罪犯权利保护。罪犯申诉是指罪犯在服刑期间对人民法院判决的事实认定或定罪量刑不服，依法向人民法院或人民检察院提出重新处理的申请的一种活动。控告是指罪犯在服刑期间向有关机关揭发、控诉有关人员违法犯罪行为，以维护自身合法权益的行为。检举是指罪犯在服刑期间揭发举报监狱内各种违法犯罪活动线索和事实，并要求处理的行为。

申诉制度是对罪犯申诉权的保障。监狱对罪犯的申诉应当及时转递，不得扣压。人民检察院、法院应当在6个月内对申诉予以处理，并将结果告知监狱，确保罪犯申诉权的真正行使，使其人权得到尊重和保护。检举、控告制度是通过罪犯对监狱行刑过程中违法行为、侮辱罪犯人格、体罚虐待罪犯等侵犯罪犯人权现象的控告或检举，以此来保护罪犯的人格和尊严，帮助改善执法环境，纠正执法中的错误。它既是对人民警察执法活动的一种监督，也是罪犯人权自我保护的一种途径。法律监督机关可以通过罪犯的控告、检举及时发现监狱行刑中的违法犯罪行为，及时了解罪犯在狱中的人权状况，从而及时纠正惩罚与改造罪犯中的错误做法，对保护罪犯人权不受侵害具有积极、重要的意义。

3．刑罚变更中的罪犯权利保护。“非法活动中的变化是与惩罚活动的扩展和改进相互关联的。”②为了促进罪犯改造，调动其改造的积极性，监狱采取了一系列刑罚变更的方式：通过减刑调动罪犯改造的积极性；针对有特殊情况不适合继续在监狱服刑的罪犯，给予监外执行。

减刑制度是人权思想和人性化理念在刑罚变更中的重要体现。其理论前提是承认人的价值，承认罪犯有自身的价值，承认罪犯是有良知的，并在一定的环境和条件下，是能够有所进步、有所改变的。减刑制度是实现法律权利向实有权利转化，激励罪犯积极改造的人性化制度。减刑的条件明确、公正，有严

① 张晶：《正义试验》，第136页，北京，法律出版社，2005。

② [法]福柯：《规训与惩罚——监狱的诞生》，刘北成、杨远婴译，第86页，北京，生活·读书·新知三联书店，2007。

格的审批程序和监督机制，从制度上为每个罪犯提供了公平的机会。对于老弱病残犯，在符合政策的情况下，努力争取让其减刑。从而以形式上的不平等达到实质上的平等。

监外执行制度是尊重罪犯生命和健康的制度，罪犯虽然身陷囹圄，接受惩罚与改造，但作为人，其生命和健康的价值与其他公民同等重要。罪犯如患有严重疾病同样能及时得到救治，同样能得到政府、社会、家庭的关心、照顾和帮助。监外执行所规定的严格条件和严格审批程序，就是为了保证一切符合条件的罪犯都能及时获得这一待遇，以确保公正地保护和尊重罪犯生命、健康权。

4. 安置帮教中的罪犯权利保护。安置帮教是指在党委、政府的统一领导下，由司法行政机关牵头组织，依靠各有关部门和社会力量对刑满释放的人员进行的一种非强制性的引导、扶助、教育、管理活动。由于人们对罪犯天然的排斥心理，因此罪犯回归社会后通常遭到歧视、嫌弃甚至侮辱，以及在就业、劳动等方面事实上存在不平等情况。为帮助刑释人员适应社会和正常的生活、生存发展，国家行政部门、社会专门机关和社会力量积极创造机会和条件，为刑释人员提供参加学习、工作和劳动的机会，使其逐步适应社会，过上正常人的生活。这样，罪犯不仅在服刑期间的人格和价值得到尊重和满足，在刑满释放后，也能够享受与其他公民同等的权利，并得到社会的认同和尊重。因此，安置帮教制度既是对罪犯权利进行保护，又对其权利的发展提供了机遇与社会基础。

拓展阅读

人权保障入刑

2011 年 2 月 25 日第十一届全国人大常委会第 19 次会议通过了《中华人民共和国刑法修正案（八）》（以下简称《刑法修正案（八）》）。与以往历次刑法修正案相比，本次修正案最大的亮点在于以废除死刑罪名为代表性内容的刑罚轻缓化。这是我国立法机关自 1997 年刑法颁行以来第一次减少法定刑带有死刑的犯罪。这份以实现刑罚轻缓、推动人权保障为视角的新修正案，注入了刑罚人性化的理念，主要有三个方面的修正：死刑改革；完善未成年人、老年人从宽处理规定；完善非监禁刑。

2012 年 3 月 14 日，十一届全国人大五次会议闭幕会在人民大会堂举行。会议表决通过了《全国人民代表大会关于修改中华人民共和国刑事诉讼法的决定（草案）》。这是自 1996 年以来，刑事诉讼法的又一次大修改，被司法界、学术界视为“我国人权事业发展的又一次飞跃”。

此次刑事诉讼法的修改更大的意义在于改变了中国的刑事诉讼法的结构，即刑事诉讼法的规范从过去专注于惩罚犯罪，走向了兼顾打击犯罪和保障人权，并且更加注重保障人权。这种理念上的转变在此次刑诉法修正案的各个章节里都有具体体现。

三、刑罚的谦抑化

所谓刑罚的谦抑化就是指在刑法的适用范围上，刑法是保障社会法益的最后一道防线，在能够动用其他救济手段保护法益的时候就不要动用刑法手段；在刑罚的适用程度上，能够用较轻的手段调整违法行为的时候就不要用较重的手段，总之，“如果刑罚超过保护集体的公共利益这一需要，它本质上就是不公正的。”所以要对刑罚的实施应加以抑制、使刑法在一定层面上趋向谦和。

小贴士

陈兴良教授在《刑法的价值构造》中对于刑法谦抑性的概念做出了这样的定义：“刑法的谦抑性，是指立法者应当力求以最小的支出——少用甚至不用刑罚（而用其他刑罚替代措施），获取最大的社会效益——有效地预防和控制犯罪。”刑罚作为抗制犯罪的主要法律手段，兼具积极与消极的两重性。“刑罚如两刃之剑，用之不得其当，则国家与个人两受其害。”因此，对于某种危害社会的行为，国家只有在运用民事的、行政的法律手段和措施仍不足以抗制时，才能运用刑法的方法，即通过刑事立法将其规定为犯罪，处以一定的刑罚，并进而通过相应的刑事司法活动加以解决。他指出，目前实现刑法谦抑的主要途径在于：非犯罪化和非刑罚化。

张明楷教授指出，刑法谦抑性是指刑法应依据一定的规则控制处罚范围与处罚程度，即凡是适用其他法律足以抑制某种违法行为、足以保护合法权益时，就不要将其规定为犯罪；凡是适用较轻的制裁方法足以抑制某种犯罪行为、足以保护合法权益时，就不要规定较重的制裁方法。从他对刑法谦抑性的定义上不难看出，张明楷教授所指称的刑法谦抑性，主要包含两方面的内容要求，一是非犯罪化，二是轻刑化。①

① 张明楷：《论刑法的谦抑性》，《法商研究——中南政法学院学报》，第 55 页，1995 年第 4 期。

（一）非犯罪化

非犯罪化是一个广泛的概念，具体指立法、司法上的非犯罪化，即立法机关或司法机关将一些对社会危害不大，没有必要予以刑事惩罚，但又被现时法律规定为犯罪的行为，通过立法不再作为犯罪或者通过司法不予认定犯罪，从而对他们不再适用刑罚。[①]日本刑法学家大谷实认为："非犯罪化是指将迄今为止作为犯罪加以处罚的行为不作为犯罪，停止对其处罚。"马克·安塞尔认为，"非犯罪化指取消某种罪名，即排除某种行为应受到刑法惩处的性质。"法国学者马蒂从刑事网络的扩张与收缩的角度进行研究，指出"非犯罪化的概念应从最广泛的意义上来理解，它不仅包含了刑法制度的消失，而且意味着所有替代性反应的不复存在。"我国学者对非犯罪化概念有着不同理解。有的学者认为非犯罪化是指立法将原来由法律规定为犯罪的行为从法律中剔除，使其正当化或者行政违法化。[②]

1. 立法上的非犯罪化。根据国外有关非犯罪化的理论与实践，在立法上非犯罪化的犯罪主要有两类：一是将一些危害不大，情节轻微的犯罪从刑法罪名表中去除；二是将传统上以基督教伦理为基础认为是犯罪，但却无被害人的一些犯罪种类从罪名表中剔除，如自杀、安乐死、通奸、堕胎、吸毒、同性恋等行为。对于我国而言，前一类行为在我国现行刑法中本身就没被规定为犯罪，它们通常被作为行政违法性的违反治安管理行为论处，根本就不存在一个非犯罪化的问题。对于后一类行为，大多数在我国也不被认为是犯罪，这样从立法上来看，我国非犯罪化的空间不大，它主要表现为刑法分则对一些具体罪名的废除和限制，如在除罪化方面，表现为对一些特定历史时期的犯罪和一些本身不具有严重危害性的行为从实体法上予以废除，如组织、领导反革命集团罪，聚众打砸抢罪，非法管制罪，伪造、倒卖计划供应票证罪，三大"口袋罪"：渎职罪、投机倒把罪、流氓罪。

图 4-10 口袋罪

① 王勇：《轻刑化——中国刑法发展之路》，《刑法的运用与完善》，第 323 页，北京，法律出版社，1989。

② 马克昌、李希慧：《完善刑法典两个问题的思考》，《刑法的修改与完善》，第 36 页，北京，人民法院出版社，1995。

2. 司法上的非犯罪化。从世界形势来看，非犯罪化不仅仅是立法的问题，而且是司法活动的内容之一，甚至它主要是司法的范畴。因为生活现实时刻在前进，生活中的犯罪现象经常出现变动，尤其是在今天的风险社会下，自然灾害、瘟疫、意外事故随时可能以人们难以设想的方式发生，因而通过有组织的立法活动来实现犯罪圈的扩张或限缩，不仅耗时费资源，而且效果不理想。因而，立法上的非犯罪化即使在非犯罪化成为刑法改革主流的西方国家也极为慎重。以荷兰为例，在对安乐死实施司法上的非犯罪化多年后，才于 2001 年 4 月由国会通过安乐死法案，正式在法律上将安乐死非犯罪化，从此过程可以看出，非犯罪化实际上就是一个从司法上的非犯罪化到立法上普遍非犯罪化的过程。

当下，我国正处于社会转型时期，各项制度还在不断完善中，与国外的刑事立法相比，我国的刑法规制相对疏漏，为了维护正常的经济秩序，保障交易活动正常进行，对于经济活动中的严重违法行为犯罪化仍是我国当前刑事立法的方向。现阶段要在立法上实现完全非犯罪化比较困难，犯罪化仍是当前立法主流。因此非犯罪化在我国主要应以司法途径来实现，具体包括诉讼前的非犯罪化和诉讼中的非犯罪化。

诉讼前的非犯罪化。司法实践中，各职能机关在初遇案件时应尽量避免使那些危害不大，惩罚意义不大的轻微犯罪进入正式的刑事诉讼程序，而选择行政的或民事的法律途径解决这些违法事实，这实际上也就是要避免让一些轻微行为进入刑事司法系统。这一措施主要针对的是青少年犯罪、初犯、偶犯以及情节显著轻微，危害不大的犯罪类型。在这方面美国社区矫正制度的内容中就有这种做法，叫作“转向”，意指转换形式避免和减少犯罪人正式地进入刑事诉讼程序。“转向”的意义在于可以减缓国家诉讼压力及刑罚的负面影响。

诉讼中的非犯罪化。指对于已经进入刑事诉讼程序的较轻微的犯罪行为，可以在诉讼的不同阶段进行非犯罪化处理。在侦查阶段、公诉阶段和审判阶段，各职能机关在职权范围内认真把握案件的性质和程度，对符合非犯罪化条件的案件，相应地做出撤销立案、不起诉、免予起诉和无罪宣判的非犯罪化处置。刑事和解制度也是实现非犯罪化的具体形式，在一些轻微的刑事案件中，让行为人与被害人进行和解，对于和解成功的可以免于刑事上的追究，不作为犯罪处理，这样既节约了司法资源，也避免了对行为人实行刑罚所带来的一系列后遗症。

（二）非刑罚化

非刑罚化浪潮发端于 20 世纪中叶，随后世界范围内的刑法改革运动蓬勃展开，非刑罚化成为世界刑法改革运动的主题。到 20 世纪 80 年代，世界刑法改革运动到达了尾声。

我国的非刑罚化进程是有我国特色的过程。在20世纪中叶，我国正在进行激烈的政治斗争，世界刑法改革运动未能触动我国的刑法理论。一直到1979年我国新刑法的诞生，非刑罚化才慢慢渗入我国的刑法理论。非刑罚化问题是犯罪与刑罚演进过程中带有人性化色彩的一道风景。在非刑罚化这一概念提出之前，人们把犯罪与刑罚看作一个密不可分的整体。非刑罚化问题的介入使犯罪与刑罚的关系扑朔迷离，并动摇了刑罚作为犯罪唯一法律后果的历史地位。作为20世纪中叶出现的法律现象，非刑罚化具备了现代法律的人文主义特性，它主张关注犯罪的社会性，重视制裁的有效性，并以宽容的心情看待犯罪的不可避免性，它的出现是犯罪与刑罚发展过程中新的亮色。

由于不同国家刑法理论发展的体系性差别，非刑罚化在中外都有不同的法律前提。在国外，非刑罚化是为缓解强大的“泛”罪化压力产生的。在西方国家道德高度刑法化、刑法高度道德化的刑事政策思想和“立法定性、司法定量”的犯罪化模式条件下，犯罪行为范围宽泛，一些轻微违法行为也被作为犯罪处理，因而出现了“刑法膨胀”或“刑法危机”，刑法的执行和遵守更加困难。鉴于这种情况，一些国家开始精简刑事立法或取消某些违法犯罪行为的刑事惩罚，并且，“为解决监狱人满为患的问题，避免给司法审判机关添加过重的负担，也为了更好地实现他们预防犯罪、打击犯罪的目标，取消了某些行为的刑事追诉。”①

我国的非刑罚化并非是对国外非刑罚化的盲目效仿，而是根据自身刑法的发展特点，针对我国刑罚趋重的弊端发展而来的轻刑化趋势。在我国，由于违反治安管理法的行为（相当于国外的违警罪）不属于刑事罪的范围，刑法中的犯罪通常具有严重的不法状态，这在一定程度上限制了非刑罚化措施的适用。与此同时，对于紧缩的犯罪圈，非刑罚化也有针对我国刑法的存在空间，即重刑化思想不断影响我国的立法和司法实践，导致我国刑罚趋重，逐年判处刑事案件的案件数和犯罪分子的人数以及判处重刑数都呈上升的趋势。但是，居高不下的犯罪率和大案要案率并未因严峻刑罚而得到有效遏制，实践中形成了刑不压罪、犯罪量和刑罚量螺旋式地恶性上升、刑罚投入几近极限而刑罚效益却急剧下降的罪刑结构性对抗局面。对于我国刑罚趋重的现实，一种强劲的反作用力即轻刑化的要求日益迫切，轻刑化要求以“轻轻重重”的刑事政策取代“从重从快严打”方针。对于不需要刑法规制的行为倡导非犯罪化，对于以自由刑为中心的刑事制裁体系倡导减少适用监禁刑即非监禁化，对于轻微犯罪或有相当人身危险性的犯罪人倡导运用刑罚之外的制裁措施实现对犯罪人的制裁即非刑罚化。

① 卢建平：《社会防卫思想》，《刑法论丛》第1卷，第162页，北京，法律出版社，1998。

通说采用的非刑罚化概念是指：刑事立法机关或司法机关通过立法或司法的方式，对于某些比较轻微的犯罪或者较轻的未成年人犯罪适用刑法所规定的非刑罚处理方法，或者附条件的不执行原判刑罚，是刑事处罚手段缓和化。

非刑罚化的具体含义，首先是行为人的行为符合刑法关于犯罪的构成具备了犯罪构成的四个要件，否则根本不构成犯罪，非刑罚化就无从谈起，把非刑罚化限定在刑法分则所规定的相关犯罪的犯罪构成上，可以很好地划清非犯罪化和非刑罚化的界限。其次非刑罚化的主体是刑事立法机关或者刑事司法机关，非刑罚化的主体比非犯罪化的要明显广泛得多。当然，由于非刑罚化的对象的特殊性，此处的司法机关主要是指基层的司法机关；最后，非刑罚化的对象是情节轻微不需要判处刑罚的犯罪或者情节较轻的未成年人犯罪。对于情节轻微不需要判处刑罚的犯罪在许多国家的刑法中都有规定。

非刑罚化的途径是对那些情节轻微的犯罪，采用非刑罚化的手段进行处理，或者有条件的进行缓刑处理。非刑罚化的处理方法就是法院在判处刑罚时对犯罪分子直接适用或者建议有关部门适用刑罚以外的不具有刑罚性质的其他处罚方法的总称，是实现非刑罚化的重要手段和途径。从立法上而言，就是通过规定免刑制度和免刑情节，对刑罚的适用范围进行适当的控制。从刑事司法方面讲，就是要通过非刑事制裁措施的适用，限制刑罚的适用范围。这里的非刑事制裁措施就是对那些依法确定有罪的罪犯，不适用刑罚而采用刑罚以外的不具有刑事制裁性质的手段予以处分。非刑事制裁措施一般适用有免除刑罚情节的罪犯、罪刑轻微的罪犯或者有轻微犯罪的未成年人。

拓展阅读

保安处分

保安处分，是指以特殊预防为目的，以人身危险性为适用基础，对符合法定条件的特定人所采用的，以矫正、感化、医疗等方法，改善适用对象，预防犯罪的特殊措施。

设立目的：保安处分是以特殊预防为目的而设立的。众所周知，刑罚具有一般预防与特殊预防的双重目的，但保安处分是对非刑罚所能改善者而增设的特殊处分，用以弥补刑罚特殊预防的不足。虽然保安处分可能收到一般预防的效果，但这种效果与保安处分设定的目的绝无关系。

适用对象：保安处分的适用对象是符合法定条件的特定人。其具体适用对象大致为：少年人，精神病人，吸食鸦片、吗啡、海洛因或其他毒品者，酗酒者，常业和常习惯犯，性病患者，缓刑者，假释者，累犯，外国人等。此类型的人要么是刑罚不适应者，要么是仅依赖刑罚难矫正恶习者，而只有保安处分，才能防止其发生危险和侵害社会秩序。

使用条件：保安处分的适用条件为人身危险性。这里所说的人身危险性是实施犯罪的可能性或再犯的可能性。适用保安处分不以犯罪事实为要件，而是以行为人是否具有人身危险性为要件。正因为保安处分的目的在于消灭行为人的危险性，所以在其处分期间，以人身危险性消灭为停止使用的条件，故保安处分的期限都可以伸缩增减，无绝对性可言。

实施方式：保安处分的方式是改善和教育。保安处分十分注重改善和教化，正因为此，它不像刑罚那样注重剥夺犯人的权利，也不像刑罚那样具有伦理非难的性质。从保安处分设置的种类即可看出，它是通过矫治、感化、医疗、援护、改善、教育等方式，矫正行为人的恶性，根除他们可能犯罪的因素，预防犯罪或再犯。

（三）非监禁化

非监禁刑的问题受到关注始于20世纪70年代，但关于非监禁刑的概念仍未形成统一的观点。纵观国际社会的文献，国外关于非监禁刑及相近术语主要有以下几种：

1. 非监禁刑。该术语起源于英国的社区服务制度，其是在英国刑罚制度咨询委员会发表的《非监禁刑与准监禁刑》报告中首次提出，且未赋予明确的定义。

2. 非监禁措施，又称非拘禁措施。该术语主要是在1990年12月24日联合国大会上通过的《联合国非监禁措施最低限度标准规则》（“东京规则”）中提到的。该规则将非拘禁措施分为审判前、审判时和审判后三个阶段分别适用，即审前阶段应尽量避免审前拘留，采取如取保候审、监视居住等替代审前拘留的措施；在审批阶段应倾向于使用缓刑、社区服务、罚金等非监禁方式；审判后则应尽可能使用一系列替代办法，如假释、中途管教等。同时，非监禁措施所适用的人群为所有受到起诉、审判或执行判决的人。

3. 非机构处遇。非机构处遇是与机构处遇相对的一组概念，非机构处遇是从执行刑罚的角度来定义的，即针对监狱之外行刑的罪犯所采取的，阻止罪犯再犯罪的措施，包括假释、缓刑及其他社区处遇措施。

4. 社区刑罚。美国犯罪学家大卫·E. 杜菲使用了“社区刑罚”这一概念，认为社区刑罚包括家庭拘禁、社区服务、间歇拘禁、赔偿等。①与非监禁刑相比，社区刑罚只是非监禁刑的一部分，其内涵与外延显然要比非监禁刑狭小得多。

5. 中间制裁或中间刑罚。中间制裁，是介于机构处遇与社区处遇、监禁与传统缓刑之间的一种刑罚方法。中间制裁主要盛行于英美国家，可分为以机构处遇为基础兼采社区处遇措施，以及以社区处遇措施为基础兼采利用机构设备为处遇的措施两类。而中间刑罚则盛行于日本，是为了缓和监禁刑的严厉性而适用于已经被监禁一定时间的罪犯的措施。

除此以外，还有替代性措施、社区制裁、社会内处遇、非监禁制裁、监狱替代措施、监禁替代措施等与非监禁刑相似的术语。

小贴士

关于非监禁刑的观点

随着刑罚轻缓化趋势的明朗，近几年来我国法学理论和实务界开始关注非监禁刑的研究，在刑事法学文献中也越来越多地出现对非监禁刑的论述，主要有以下几种：

第一种观点是最广义说。最广义说认为，非监禁刑是在监狱之外对犯罪人适用的刑事制裁方法的总称。该观点认为，非监禁刑应具有非监禁性、对犯罪人适用、行刑的多样性、惩罚性较轻以及刑事审判权与行刑权的融合等特点。同时，该观点根据非监禁刑适用的时间顺序不同，将其分为避免审前拘留的措施、审判时使用的非监禁制裁和审判后使用的非监禁措施三个阶段。②

第二种观点是广义说。广义说的内涵和外延要比第一种观点稍狭窄些。认为除了监禁刑范畴以外的所有对犯罪人的刑事制裁措施都是非监禁刑。即非监禁刑包括死刑、管制、缓刑、假释、监外执行、罚金、没收财产、剥夺政治权利、驱逐出境。③

第三种观点是狭义说。狭义说认为，应将刑罚种类与刑罚执行过程中的非监禁化予以严格区分。认为缓刑、假释、监外执行只是刑罚执行过程中行刑社会化的重要内容之一而不属非监禁刑。非监禁刑只是在监外执行的刑罚种类，仅包括管制、财产刑、资格刑以及《刑法》第三十六、三十七条规定的非刑罚处罚方法四类。④

---

① [美]大卫·E. 杜菲：《美国矫正政策与实践》，吴宗宪等译，第 290—302 页，北京，中国人民公安大学出版社，1992。

② 吴宗宪：《非监禁刑研究》，第 24 页，北京，中国人民公安大学出版社，2003 。

③ 袁登明：《行刑社会化研究》，第 227 页，北京，中国政法大学出版社，2003 。

④ 郭建安：《非监禁刑的执行》，《刑法通论》，第 540 页，北京，中国政法大学出版社，1994 。

从刑种的角度来说，非监禁刑在我国 1979 年刑法中就已有体现，管制、罚金、没收财产、剥夺政治权利和驱逐出境都属于非监禁刑的范畴。较 1979 年刑法，现行刑法关于非监禁刑制度的规定，已经在一定程度上予以完善，特别是刑法修正案（八）增加了“社区矫正”和“禁止令”的规定。虽然非监禁刑在我国刑法有所体现，但是并不代表我国的非监禁刑真正地发挥了其应有的作用。由于我国的非监禁刑本身仍存在一定的缺陷，从而制约了非监禁刑在矫正犯罪人，促进犯罪人回归社会方面作用的发挥。因而与国外相比，非监禁刑在我国的发展仍然相对缓慢。

链接

社区矫正与禁止令

《刑法修正案（八）》第二条：在刑法第三十八条中增加一款作为第二款：“判处管制，可以根据犯罪情况，同时禁止犯罪分子在执行期间从事特定活动，进入特定区域、场所，接触特定的人。”原第二款作为第三款，修改为：“对判处管制的犯罪分子，依法实行社区矫正。”增加一款作为第四款：“违反第二款规定的禁止令的，由公安机关依照《中华人民共和国治安管理处罚法》的规定处罚。”

四、恢复性司法

恢复性司法，也称为修复式司法或修复式正义，是一种通过恢复性程序实现恢复性后果的非正式犯罪处理方法。所谓恢复性程序，是指通过犯罪人与被害人之间面对面的协商，并经过以专业人员或社区志愿者充当的中立的第三方的调解，促进当事方的沟通与交流，并确定犯罪发生后的解决方案；所谓恢复性结果，是指通过道歉、赔偿、社区服务、生活帮助等使被害人因犯罪所造成的物质精神损失得到补偿，使被害人的受犯罪影响的生活恢复常态。同时，也使犯罪人通过积极的负责任的行为重新取得被害人及其家庭和社区成员的谅解，并使犯罪人重新融入社区。

恢复性司法的影响力正在扩大到国际范围。早在 1999 年 7 月 28 日，联合国就做出了题为《制定和实施刑事司法调解和恢复性司法措施》的第 1999/26 号决议。一年以后，联合国又做出了题为《关于在刑事事项中采用恢复性方案的基本原则》的第 2000/14 号决议。2000 年 4 月 10 日至 17 日在维也纳召开的第十届联合国预防犯罪与罪犯待遇大会期间，与会国在题为《罪犯与受害人：司法过程中的责任与公正问题》议程项目下就恢复性司法进行了讨论。2001 年 10 月 29 日至 11 月 1 日，恢复性司法专家组在加拿大渥太华就恢复性司法问题进行了专题研究并提出了决议草案的初稿。2002 年 4 月 25 日，联合国预防犯罪和刑事司法委员会第十一届会议在奥地利维也纳举行，中国代表团出席了这次会议。本届会议通过了十三项关于改革刑事司法制度的决议草案，其中加拿大等十一个国家提出的《关于在刑事事项中采用恢复性司法方案的基本原则》受到了与会者的广泛关注，最后形成的这项决议草案被认为对世界各国处理类似问题均有借鉴意义。①

和解（被害人与犯罪人之间）、协商（由被害人、犯罪人及其他人参加）、圆形会谈（由被害人、犯罪人及多方参与）逐渐被认为是恢复性司法的三种主要表现形式。另外两个被认为具有潜在“恢复性”功能的方式是：给被害人以补偿和由犯罪人提供的社区义务劳动。

拓展阅读

恢复性司法的演变

现今流行的恢复性司法始于 20 世纪 70 年代晚期。在实践中，关于恢复性司法的产生，人们最经常引用的一个案例发生在 1974 年加拿大安大略省的基奇纳。当时，该市的两个年轻人实施了一系列破坏性的犯罪，他们打破窗户、刺破轮胎、损坏教堂、商店和汽车，共侵犯了 22 个被害人的财产。在法庭上，他们承认了被指控的罪行，却拒绝交纳法院判决的对被害人的赔偿金。后来在当地缓刑机关和宗教组织的共同努力下，这两名犯罪人与 22 名被害人分别进行了会见。正是通过会见，使两人从被害人的陈述中切实了解到自己的行为给被害人造成的伤害和损失，同时也意识到赔偿金并不是对自己行为的罚金，而是给被害人的补偿。于是他们对自己的行为做了诚恳的道歉，并于 6 个月后交清了全部赔偿金。

当时由于以矫正为目标的改造性司法在理论和实践中均面临困惑，人们开始尝试一种新的刑事法治模式。从 1974 年到 70 年代末，在加拿大和美国共

① 吴丹红：《实现正义的另一种进路——恢复性司法初探》，北大法律信息网，网址 http：//www.chinalawinfo.com。

出现了十几个“被害人—犯罪人和解”程序。犯罪人和被害人双方在一个中立调解人的主持下，通过面对面的交谈和协商，被害人诉说被害的损失和痛苦，犯罪人解释犯罪的原因并向被害人道歉，最后双方自愿达成和解与赔偿协议。协议达成后，正式的刑事司法系统则不再就本案追究犯罪人的刑事责任。1989年，新西兰以立法的形式肯定了当地土著人毛利人的恢复性犯罪处理方式，并要求司法机关对青少年犯罪只能在恢复性司法难以适当处理时才可以动用正式的刑事司法程序。20 世纪 90 年代以来，恢复性司法不仅成为西方刑法学界的“显学”，而且在实践方面也获得了飞速发展。西欧的英国，北美的美国和加拿大，拉美的巴西、智利、阿根廷，亚洲的新加坡，大洋洲的澳大利亚和新西兰等，共十几个国家，都在发展和应用恢复性司法。到 20 世纪 90 年代末，欧洲共出现了 500 多个恢复性司法计划，北美共有 300 多个恢复性司法计划，类似的计划在全世界范围内的数目超过 1000 个。①

（一）恢复性司法的类型

图 4-11　刑事和解

1. 刑事和解。现代社会中，恢复性司法实践适用的第一个方法就是“被害人与犯罪人之间的和解”。双方的和解一般是这样进行的：由一个已经受过司法训练的协调人把被害人与罪犯召集起来，由他来协调、促进二者之间的洽谈。在当面会谈中，被害人讲述他的受害经历及因不法行为所受到的损失与伤害，犯罪人则解释他的所作所为以及行为的原因，并回答被害人的提问。双方陈述完毕后，协调人将协助双方找到一个解决问题的适当方法。一般来说，协调人在召集双方见面商谈之前已分别与各方进行了接触商谈。但欧洲一些国家的惯常做法是：双方没有必要面谈，而是由协调人来回穿梭于被害人与犯罪人之间进行斡旋，直到双方最终达成了一致的意见及补偿的协议。

双方之间的和解可以在刑事诉讼之前、诉讼中或诉讼后的任何阶段进行，或者完全独立于刑事诉讼体系。即使在因法庭判决有罪或是犯罪人自己认罪而使得行为构成犯罪已确信无疑的情形下，也可以适用双方和解的方式。这种方

① 张庆方：《恢复性司法》，《刑事法评论》第 12 卷，第 433 页，北京，中国政法大学出版社，2003。

式可以发生在法庭宣判之前或之后，双方达成的和解协议对定罪量刑是否产生作用，则要由当地的法律法规来具体规定。

自刑事和解引入以来，全国各地关于刑事和解实践发展十分迅速。但法律上一直没有“名分”，不但影响了司法的统一性和严肃性，也影响了各地适用刑事和解的积极性。2012 年 3 月 14 日修改的刑事诉讼法，将“当事人和解的公诉案件诉讼程序”作为一个新的章节单列出来，试行多年的刑事和解得到法律的认可。

新修改的刑事诉讼法对刑事和解程序做了如下规定：

一方面，是刑事和解程序适用范围，包括以下几个内容：其一，仅仅适用于公诉案件；其二，如果是故意犯罪，则适用于三年以下的轻罪案件，而且这类轻罪案件仅仅因民间纠纷而引起触犯刑法分则第四章、第五章罪名的犯罪行为；其三，如果是过失犯罪，则除却渎职犯罪外的可能判处七年有期徒刑以下的犯罪案件；其四，反向限制：上述入围的刑事案件，如果犯罪嫌疑人、被告人在五年内曾经故意犯罪则不适用刑事和解程序。

另一方面，刑事和解程序的运行（新法第二百七十八、二百七十九条），分为三个层面：其一，程序的启动：在侦查阶段，由侦查机关启动；在起诉阶段由检察官启动；在审判阶段由法官启动；其二，和解协议：双方当事人（嫌疑人、被告人，被害人及其法定代理人、诉讼代理人、近亲属等）在公安机关或检察院抑或法院的主持下就嫌疑人、被告人的犯罪行为以真诚悔罪、提供赔偿、赔礼道歉等方式达成共识；其三，公安机关向检察院提出从宽处罚的建议或者检察院向法院提出从宽处罚建议，抑或法院在判决中依法对被告人从宽处罚，以最后终结该刑事案件。

链接

刑事诉讼法

第二百七十七条 下列公诉案件，犯罪嫌疑人、被告人真诚悔罪，通过向被害人赔偿损失、赔礼道歉等方式获得被害人谅解，被害人自愿和解的，双方当事人可以和解：

（一）因民间纠纷引起，涉嫌刑法分则第四章、第五章规定的犯罪案件，可能判处三年有期徒刑以下刑罚的；

（二）除渎职犯罪以外的可能判处七年有期徒刑以下刑罚的过失犯罪案件。

犯罪嫌疑人、被告人在五年以内曾经故意犯罪的，不适用本章规定的程序。

第二百七十八条 双方当事人和解的，公安机关、人民检察院、人民法院应当听取当事人和其他有关人员的意见，对和解的自愿性、合法性进行审查，并主持制作和解协议书。

第二百七十九条 对于达成和解协议的案件，公安机关可以向人民检察院提出从宽处理的建议。人民检察院可以向人民法院提出从宽处罚的建议；对于犯罪情节轻微，不需要判处刑罚的，可以做出不起诉的决定。人民法院可以依法对被告人从宽处罚。

拓展阅读

罪犯劳动报酬

广东省佛山监狱建立引导服刑人员合理使用劳动报酬制度，将服刑人员劳动报酬划分为就业保障储备金、生活零用金、赔偿金（补偿金）三大类，要求服刑人员将每个月的劳动报酬40%作为就业保障储备金、40%作为生活零用金、20%倡导用于赔偿、补偿金。该制度有效地激发服刑人员奋起向善的改造积极性，以实际行动修复因犯罪行为损害的社会关系，保障了受害人的合法权益，化解了双方矛盾。

2. 协商。协商源于新西兰，是新西兰青少年法庭处理案件的一种替代形式。它是由新西兰土著居民毛利人的传统解决纠纷的方式演化而来的，现在已经在其他国家得到进一步发展，并形成了不同的协商形式。

协商与“双方和解”不同，它涉及多方面的参与者，不仅包括被害人与犯罪人，而且还有间接被害人（如被害人的家人与朋友），与此对应的还有犯罪人的支持者（犯罪人的家人与朋友）。这些人参加进来是因为他们或多或少也受到了犯罪行为的影响和侵害，或是因为他们比较关心被害人或犯罪人，而且这些参与者也可能影响到一致意见的最后达成或者共同意见的最终实现。此外，诉讼中的辩护人或者代理人也会参加这种协商活动。协商活动的进行同样也有一个协调者，他的作用就是通知各方参加具体协商活动并确保每个拟参与者都能够参与。在关于实质性问题的协商讨论中，协调人只是扮演一个次要的角色，协商谈判的形式是既定的，也就是说由协调人按照规定的模式引导参与人进行讨论。协商这种方式可以在刑事诉讼的不同阶段适用，它比前面所说的“双方和解”的方式更早地被人们所普遍使用。

3. 圆形会谈。圆形会谈与协商的方式有相似之处：被害人、犯罪人和他们的家人与支持者以及刑事司法人员都可以参与。但是圆形会谈还有一个特殊之处就是允许社会中任何对本案有兴趣的人参与进来。圆形会谈可以说是在三种方式中参加人员范围最广的一种。圆形会谈模式起源于加拿大土著居民的具体实践，并且保留了原有的一些特色。所有参与案件处理的人员围坐成一个“圈”，通常的做法是由犯罪人先解释发生了什么，然后每个参与者都有发言的机会。发言顺序按顺时针方向一个接一个地进行，参与者发表自己的意见，所有人都可以随心所欲地表达自己对案件的看法。会谈持续进行一直到每个人把需要讲的都已经讲完，并且最终达成解决问题的一致意见。会谈的主持人也是案件的协调人，他的作用与在前两种方式中一样，即确保会谈程序正当进行。会谈中使用羽毛或者其他物品来代表发言权的归属，羽毛或其他象征性的物品按圆圈顺序从一个人手中传到下一个人手中，只有手上拿着这些象征性物品时参与者才享有发言的权利。

这种会谈的方式既可适用于司法程序中的任何一个阶段，也可独立于刑事司法而被用来处理还没有严重到构成犯罪或者尚不需要提起刑事指控的社会或集体问题。有时它又被称为治疗性会谈或社区性会谈，被害者与犯罪人两方并不一定都要同时参加，可能只有被害人及他的支持者一方参加，也可能只有犯罪人及他的支持者一方参加。

（二）恢复性司法的弥补方式

犯罪人如何才能弥补和改正自己犯下的罪过？通常有这么几种方法：首先是赔礼道歉，由犯罪人为自己的行为而向被害人表示真挚、诚心诚意的忏悔。道歉是以上提到的当面协商问题过程中最常用的一种解决办法，此外，还有以下两种在本质上更明确的弥补方式：

1. 恢复性补偿。即由犯罪人补偿被害人因其犯罪行为所遭受的损失。这种补偿可以用金钱，也可以返还财产原物或是返还价值相当的替代物，或者直接为被害人提供某种形式的服务，或是以任何对方同意的方式进行。在法庭审理结束后，法院可以判决强制犯罪人实施某种补偿措施，在这种强制情形下，犯罪人所返还的财产或补偿的金钱应该限定在被害人所遭受的物质损失范围之内。但在强制判决情形下，双方没有解释、道歉、表述各自想法及交流的机会，这就使得恢复性补偿中的“恢复性”作用大打折扣。只有在恢复性司法中，由犯罪人自愿而非强制性地返还财产、补偿损失，才具有更好的“恢复性”效果。我国的刑事和解制度大多采取此种方法。

2. 社区服务。社区服务是一种比较常用的方式。它要求犯罪人为慈善机构或政府机关提供无偿义务劳动，也可以通过强制方式实施。大多数国家在实践中的做法是：判决强制犯罪人实施的社区劳动往往与犯罪行为及行为造成的危害关系不大。这种情形下，社区服务就和报应性的制裁一样了，其恢复性的效果微乎其微。但如果具备以下条件，则这种社区劳动就具有矫治罪犯的作用：（1）社区劳动产生于被害人与犯罪人之间的恢复性司法程序。（2）社区居民参与进来讨论决定对整个社区以及犯罪人有意义的劳动服务类型。（3）社区成员与犯罪人共同参加社区劳动。（4）对于犯罪人的劳动贡献全社区都有一个公认的评价。（5）社区应给予犯罪人机会去自我审察其犯罪行为之错误，唯此犯罪人的劳动才能被认为是为社区提供的回馈服务。（6）给犯罪人以提高自己工作能力的机会。

需要特别强调的是，选择社区服务作为一种矫治方式，不是因为它能给犯罪人带来屈辱感，使犯罪人感到丢脸。如果是出于这个原因而选择使用这种矫治方式，那么社区服务只是报应惩罚刑的另一种表现方式而已。与返还财产恢复原状来补偿被害人的方法相似，如果方法的选择是出自于恢复性司法的本质特性，由双方自愿进行而不是强制性的，则它对犯罪人的矫治功能就比较明显。

第五章

刑罚能消灭吗

何谓刑罚消灭？我国台湾学者张灏对此所下的定义是："刑罚之消灭者，乃谓基于法令上或事实上之原因，对于犯罪者之刑罚权归于消灭也。"①学者田文昌则将"刑罚消灭"界定为"由于某种法定的或事实的原因，对于特定犯罪人的刑罚权归于消灭"②。实际上刑罚消灭是对刑罚权的一种限制。对一个具体案件的犯罪人来说，国家刑罚权不是永远都存在的，如果出现法定或事实原因，刑罚权就归于消灭。刑罚消灭体现了刑罚的目的性、人道性和谦抑性，是刑罚制度的进步。

一、刑罚消灭概述

（一）刑罚消灭的概念和特征

刑罚消灭是指在具体的案件中，由于法定或事实原因，致使国家对犯罪人的刑罚权归于消灭的制度。对犯罪人而言，刑罚消灭意味着刑事责任的终结；对国家而言，则意味着刑罚权的停止行使。

刑罚消灭具有以下特征：

1. 刑罚消灭只能出现在具体案件中。离开具体的案件就无所谓刑罚消灭问题，因为刑罚权是国家权力的当然内容，只要国家存在，刑罚权必然存在。

2. 刑罚消灭以行为人的行为事实上构成犯罪为前提。"行为人的行为事实上构成犯罪"，既包括行为已经经过审判确定为犯罪，也包括有犯罪事实发生、但行为尚未经过审判最终确定为犯罪两种情形。刑罚消灭必须以应当或者已经

① 张灏：《中国刑法理论及实用》，第 412 页，台北，三民书局，1980。

② 赵秉杰、吴振兴：《刑法学通论》，第 467 页，北京，高等教育出版社，1993。

适用刑罚为前提条件，如果不存在这个前提条件，刑罚消灭就无从谈起。而无论是应当适用刑罚还是已经适用刑罚，都以犯罪的存在为前提。

3．刑罚消灭以国家对犯罪人刑罚权的消灭为内容，具体包括求刑权、量刑权和行刑权的消灭。

4．刑罚消灭以法定或事实的事由为根据。引起刑罚消灭的原因，有的是法律明确规定的，称为法定原因，如不起诉、免除刑罚、赦免、减刑、时效期满等；有的是客观发生的事实使刑罚自然不存在，称为事实原因，如犯罪人死亡、刑罚执行完毕等。

拓展阅读

新中国特赦

1975年3月17日，周恩来根据党中央、毛泽东的指示，提出关于特赦全部在押战犯的建议。经第四届全国人民代表大会常委会第二次会议讨论，决定对全部在押战争罪犯实行特赦并给予公民权。这个决定由最高人民法院执行。

这次获特赦战犯293人。至此，在押的战争罪犯全部处理完毕。

图5-1　新中国的特赦

（二）刑罚消灭的事由

刑罚消灭的事由，因消灭的刑罚权的内容不同而有一定的区别。主要有以下几种情形：

1．刑罚请求权消灭的事由，主要包括：（1）犯罪嫌疑人（被告人）死亡，使起诉对象不复存在，失去对其进行起诉的意义。（2）刑罚请求权的放弃。对于公诉案件而言是指检察机关做出不起诉决定；对于自诉案件而言是指自诉人放弃告诉权。（3）追诉时效届满。（4）法律的修改。行为依照行为时法律构成犯罪，但起诉前新法规定该行为不再作为犯罪处理。（5）赦免。在此专指大赦，我国刑法没有规定大赦，所以，我国刑罚请求权消灭的事由不包括赦免。

2．刑罚裁量权消灭的事由，主要包括：（1）被告人死亡。（2）撤回起诉。包括公诉案件检察机关撤回起诉和自诉案件自诉人撤回起诉。我国刑事诉讼自诉实行不告不理，告诉撤回，审判就不能继续进行。(3) 追诉时效届满。(4) 法律的修改。(5) 赦免。在此专指大赦，我国刑法没有规定大赦，所以，我国刑法裁量权消灭的事由不包括赦免。(6) 前科消灭。曾受法院有罪宣告或被判定有罪的人在具备法定条件时，国家抹销其犯罪记录，使其不利状态消失，恢复其正常法律地位。我国刑法虽没有明文规定，但部分地方法院已开始试行。

3. 刑罚执行权消灭的事由主要包括：(1) 犯罪人（被执行人）死亡。(2) 刑罚的免除。包括审判机关经过审理后，判决被告人有罪但免除刑罚处罚；以及由于不可抗拒的灾祸，使罚金的缴纳确实有困难时，法院免除其罚金的缴纳。(3) 刑罚执行完毕。包括刑罚实际执行完毕和假释期满。假释期满，相当于刑罚执行完毕。(4) 缓刑期满。缓刑期满，原判刑罚就不再执行。(5) 行刑时效届满。我国刑法没有规定行刑时效，所以它不是我国刑罚执行权消灭的事由。(6) 赦免。包括大赦和特赦。我国只规定了特赦。(7) 复权。被判处剥夺权利或资格的犯罪人，在刑罚尚未执行完毕时即恢复其权利或资格，就使得权利刑或资格刑的执行权归为消灭。我国刑法未做此规定。

二、时效

（一）时效的概念

刑法上的时效，是指刑法规定的国家对犯罪嫌疑人、被告人、犯罪人行使刑罚权的有效期限。国家如果在有效期限内不行使刑罚权，刑罚权就归于消灭，国家也就无权对犯罪嫌疑人、被告人、犯罪人进行追究或执行刑罚。根据国家行使刑罚权的内容不同，时效可以分为追诉时效和行刑时效。

追诉时效，是指刑法规定的，对犯罪分子追究刑事责任的有效期限。超过法定追诉期限，司法机关或有告诉权的人不得再对犯罪人进行追诉，已经追诉的，应撤销案件或不起诉，或终止审判。追诉时效届满，是刑罚请求权消灭的重要事由之一。

行刑时效，是指刑法规定的，对被判刑的人执行刑罚的有效期限。犯罪人被科处刑罚后，只有在行刑时效期内，刑罚执行机关才有权对犯罪人执行所判处的刑罚。行刑时效期间内所判处的刑罚未执行，超过行刑的时效，便不能再对犯罪人执行所判处的刑罚。行刑时效届满，是刑罚执行权消灭的一项重要事由。

（二）我国追诉时效的意义

世界各国刑法一般既规定追诉时效，也规定行刑时效。我国刑法只规定了追诉时效，没有规定行刑时效。我国规定的追诉时效的根据和意义在于：

1. 体现刑罚的人性化。一个人犯罪后，经过一定期限虽未被追诉或未被执行刑罚，但事实上经历了一定的痛苦，并且在一定期限内没有再犯新罪，据此可推断其已悔改，不致再危害社会。在这种情况下，已失去追诉或行刑的意义。

2. 符合刑罚目的。在犯罪人经过一定期限未犯新罪的情况下，如果再追究其刑事责任，既起不到特殊预防的作用，也起不到警戒社会上不稳定分子和教育群众的作用，反而引起敌视、抗拒审判和改造。

3. 节约司法资源。犯罪案件发生后，经过一定期限没有审理和追诉，时过境迁，证据失散，侦查、起诉、审判难以顺利进行。而设立时效制度，可以节省大量人力、物力、财力，既符合经济性原则，又有利于司法审判机关集中精力审理现行案件。

4. 有利于社会稳定。犯罪后经过一定的时期，因犯罪破坏的某一社会秩序以及失衡的公众心理已经得到恢复，如再重新追究旧案，重提积怨，容易引发新的不安定因素，不利于社会稳定。

总之，规定时效制度有利于控制和消灭现行犯罪，有利于稳定社会秩序，符合刑罚的目的。时效制度的设立不是消极的，而是积极的；不是从有利于犯罪人出发，为犯罪人设立的逃避处罚的避风港，而是从社会的整体利益出发，设置的有利于社会的有效制度。

（三）我国刑法中的追诉时效

1. 追诉时效的期限。我国刑法根据罪刑相适应原则，以犯罪的法定最高刑为标准，规定了四个档次的追诉时效。根据《刑法》第八十七条的规定，犯罪经过下列期限不再追诉：

（1）法定最高刑不满 5 年有期徒刑的，经过 5 年；

（2）法定最高刑为 5 年以上不满 10 年有期徒刑的，经过 10 年；

（3）法定最高刑为 10 年以上有期徒刑的，经过 15 年；

（4）法定最高刑为无期徒刑、死刑的，经过 20 年。如果 20 年以后认为必须追诉的，须报请最高人民法院核准。

根据上述规定，在确定具体犯罪的追诉时效的期限时，应当根据犯罪的性质、情节，分别适用刑法典分则规定的相应条款或量刑幅度，按其法定最高刑计算追诉时效期限，具体来说就是：第一，在只规定一个量刑幅度的条文中，应依照该条文的法定最高刑确定追诉时效期限。第二，在同条或同款中规定有两个以上不同的量刑幅度的，应按照行为人应当适用的量刑幅度的法定最高刑确定追诉时效期限。第三，在几条或同一条的几款中分别对行为人所犯罪行的刑罚做了规定时，应按照与其罪行相对应的条或款的法定最高刑确定其追诉时效期限。

2. 追诉时效的中断。是指在追诉时效进行期间，因发生法律规定的事由，使已经经过的时效期间归于失效，追诉期限从法律规定事由发生之日起重新开始计算的制度。追诉时效中断制度可以防止犯罪人利用时效制度逃避罪责，继续犯罪。

我国《刑法》第八十九条第二款规定，在追诉时效内又犯罪的，前罪追诉的期限从犯后罪之日起计算。该规定表明，我国追诉时效中断是以犯罪人在追诉期限内又犯罪为条件的，而不论新罪的性质和刑罚轻重。据此规定，追诉时效中断后时效起算的时间为“犯后罪之日”。

3. 追诉时效的延长。追诉时效的延长，是指在追诉时效进行期间，由于发生了法律规定的事由，致使追诉期限延伸的制度。追诉时效的延长可以保护被害人的合法权益，防止犯罪人利用时效制度逃避制裁。

根据《刑法》第八十八条的规定，我国追诉时效延长分为两种情况：

（1）在人民检察院、公安机关、国家安全机关立案侦查或在人民法院受理案件以后，犯罪人逃避侦查或者审判的，不受追诉期限的限制。

（2）被害人在追诉期限内提出控告，人民法院、人民检察院、公安机关应当立案而不予立案的，不受追诉期限的限制。

拓展阅读

逃不掉的制裁

江西九江市出租车司机项某与乘客发生冲突，将乘客打致重伤，被抓时发现该司机系潜逃9年的犯罪嫌疑人，其竟然振振有词地说：“已过追诉时效，不用坐牢！”

1999年1月29日，在庐山区开出租车的项某载着一名乘客到了湖滨小区，乘客给50元钱，让项某在这里等他一会儿。项某开车掉头时，乘客以为他不等了，堵住出租车，指责他不守信用。两人因此发生口角，打斗中乘客头部受伤被送至医院抢救。接到伤者家属报警后，在庐南派出所的调解下，项家垫付了几万元治疗费。后经法医鉴定，伤者属重伤甲级。

昏迷不醒的伤者、高昂的医药费吓坏了项某，他选择了逃避。警方在项某出逃后将其上网通缉。几年来，项某先后逃到武汉、东莞等地，以帮别人开车打工为生。一次，他从报纸上得知，只要犯罪嫌疑人不犯新罪，过了一定时间就不用被追究法律责任，这让他兴奋不已。他曾偷偷地潜回九江，深居简出，小住几天即走。警方摸准了项某“赔了钱就没事”的想法，断定他会回九江。9月18日，警方得到线索，项某在二马路出现，中午要给做生意的妻子送午饭。

上午10时，浔东责任区刑警来到二马路，但由于不知道项家的具体楼栋门牌，无从下手。侦查员来了个“守株待免”：买来扑克牌，在项家必经的小巷里玩起了“斗地主”……

中午12时，提着饭盒的项某走进小巷，见几张陌生的面孔，转身欲逃时，被刑警扑倒在地。项某一边挣扎一边喊道：“不是已经都过了追诉时效吗，还抓人干什么？”民警们闻听此言又好气又好笑：“你的老师没有告诉你吗，逃犯不属此列！”

三、赦免

（一）赦免的概念

虽然赦免是一种刑罚消灭事由，但新中国的赦免制度主要由宪法性文件加以规范，而刑法典、刑事诉讼法典只是在规定其他制度时对其有所涉及。我国1954年宪法曾规定有大赦和特赦制度，并将大赦的决定权赋予全国人大，特赦的决定权赋予全国人大常委会，大赦令和特赦令均由国家主席发布。1975年、1978年和1982年宪法均没有明确规定大赦制度，仅保留了特赦制度，实际上大赦制度已经被取消。现行宪法第六十七条规定，全国人大常委会有权决定特赦；第八十条规定，国家主席根据全国人大常委会的决定发布特赦令，这是我国现行法律关于特赦的概括性、原则性规定。

刑法第六十五条第一款规定，被判处有期徒刑以上刑罚的犯罪分子，刑罚执行完毕或者赦免以后，在五年以内再犯应当判处有期徒刑以上刑罚之罪的，是累犯，应当从重处罚，但是过失犯罪除外；第六十六条规定，危害国家安全的犯罪分子在刑罚执行完毕或者赦免以后，在任何时候再犯危害国家安全罪的，都以累犯论处。我国刑事诉讼法第十五条则把“经特赦令免除刑罚”作为“不追究刑事责任”和“已经追究刑事责任的，应当撤销案件，或者不起诉，或者终止审理，或者宣告无罪”的情形之一来规定。尽管1954年宪法中规定了大赦，但中国从未实行过大赦，而只有针对战争罪犯、反革命犯罪等实施的特赦。从实践情况看，我国于1959年9月17日至1975年3月17日共进行过7次特赦。此后，我国再未实行过赦免，以致该制度逐渐被虚置。

（二）赦免的种类

纵观各国对于赦免制度的相关法律规定，现代赦免制度，可以细化为五种类型：大赦制度、特赦制度、赦免性减刑、赦免性免刑、赦免性复权。根据我国目前的法律规定，主要有大赦和特赦两种。

1. 大赦。大赦是赦免制度的主要表现形式。大赦制度在古代居于重要的地位。近现代以来，其适用的几率日益降低，许多国家已经从法律上加以废除，我国就是如此。但是这并不意味着大赦已经不存在，在一些国家大赦仍然不时被使用。大赦，是指对于特定时期犯特定之罪的不特定的多数人，以专门法律的形式免予追诉或免除其刑罚执行的制度。具体而言，包括两种情形：一是免予追诉。不管犯罪尚未被追诉还是已被追诉但刑事程序尚未完结，如果犯罪尚未追诉，则停止追诉;如果犯罪已经被追诉但有罪判决尚未做出，则停止案件进行，终止审判。其效果通常导致罪与刑都被免除。二是免除刑罚的执行。即犯罪人已经被有罪判决判处具体刑罚，则免除刑罚之执行。对于传统意义上的大赦，由于它使有罪宣告归于无效，因而仍然可导致罪刑皆免；但是对于仅免刑而不免罪的大赦，则并不导致犯罪记录的免除，消灭前科，而只是免除刑罚的执行。

2. 特赦。特赦通常认为是由国家元首或者最高国家权力机关以命令的形式，对已受罪刑宣告的特定犯罪人，全部或部分免除其刑罚执行的制度。具体而言，应该充分理解特赦中的“特”，体现在以下几个方面：一是特赦适用于已经宣告判决的刑罚；二是特赦适用于特定的犯罪人，可以是特定的个人，也可以是特定的多数人；三是特赦适用于特定的犯罪。新中国成立以来的七次特赦，其特定性主要考虑的就是犯罪类型的特定性。

拓展阅读

新中国成立后的七次特赦

1959年以来，全国人民代表大会常务委员会根据中国共产党中央委员会、国务院的建议，经过审议决定，先后七次实行了特赦：第一次，1959年9月17日，在建国十周年大庆即将到来之际，经中华人民共和国国家主席刘少奇签发特赦令，对确已改恶从善的蒋介石集团和伪满洲国的战争罪犯、反革命犯和普通罪犯实行特赦。1960年11月10日、1961年10月10日，又两次对已经改恶从善的蒋介石集团和伪满洲国的战争罪犯实行特赦。1963年3月30日、1964年12月12日和1966年3月29日，对确已改恶从善的蒋介石集团、伪满洲国和伪蒙疆自治政府的战争罪犯实行特赦。1975年3月对全部在押的战争罪犯实行特赦。这些特赦都是国家对于经过一定期限的劳动改造确已改恶从善的特定犯罪分子免除其刑罚的剩余部分或者减轻其原判刑罚；或者对少数虽未判决，但是经过一定期限关押确已改恶从善的予以释放。

四、前科消灭

（一）前科消灭的概念

许多国家刑法理论或刑事立法中都有前科消灭的规定。前科消灭是指受有罪判决并被科刑的人在服刑期满或免除刑罚后，在一定的期间内未犯新罪，即视为没有前科。

前科是一个人犯罪的历史记录，因为有犯罪的记录而使其丧失一定的民事或行政上的权利或资格，对于预防其再次犯罪具有积极的作用。在有前科而再次犯罪的情况下，对于犯罪人给予从重处罚，也是基于其主观恶性较深，改造较难，其目的是为了更好地改造罪犯，使其不再犯罪。因此，保留前科有其合理的一面。但是，前科毕竟是一个人极不光彩的记录，有这种记录的人，不仅可能丧失某种权利或资格，而且还会受到他人的歧视，造成学习、生活、工作诸方面的困难。如果永久地保留前科，会使一些人产生“污点洗刷不净”的想法，从而破罐子破摔，再次实施犯罪。所以，当一个有前科的人再次犯罪时，会想到因为有前科将受更重的处罚而一不做二不休，选择更严重的犯罪，对社会会造成更大的危害。

为了更好地发挥保留前科的积极作用，抑制保留前科的消极因素，当今世界各国已广泛地采用前科消灭制度。

（二）前科消灭的条件及内容

1. 前科消灭必须具备的条件：（1）有罪判决后服刑期满或被免刑；（2）在规定的期限内未犯新罪。

前科消灭和撤销或假释制度有助于解除具有前科的犯罪人的精神负担，增强其重新做人的信心和勇气，促使犯罪人改过自新，重返社会。

2. 我国法律中有关于前科的类似规定。具体包括：（1）人民检察院对公诉案件认为依照刑法规定不需要判处刑罚或者免除刑罚而对其不起诉的；（2）人民法院对被告人定罪判刑的；（3）人民法院对行为已构成犯罪但具有免除刑罚的情节而对其免予刑事处分的；（4）被判处拘役或3年以下有期徒刑宣告缓刑的；（5）执行期间予以假释的；（6）根据我国宪法和刑法规定予以特赦的。前科的存在会导致两种不同类型的法律后果：非刑法法律后果和刑法法律后果。就我国法律来讲，《中华人民共和国法官法》第十条，《中华人民共和国检察官法》第十一条，《中华人民共和国人民警察法》第二十六条均规定：“曾因犯罪受过刑事处罚的”，“不得担任法官”、“不得担任检察官”、“不得担任人民警察”。《中华人民共和国教师法》第十四条规定，被判处有期徒刑以上刑罚的，不能取得教师资格，已经取得的，丧失教师资格。现行《刑法》第一百条的前科报告制度规定："依法受过刑事处罚的人，在入伍、就业的时候，应当如实向有关单位报告自己曾受过刑事处罚，不得隐瞒"，这就有可能使有前科的人在入伍、就业时受到一定的限制。这些均属前科的非刑法后果。前科的存在是构成累犯的必要条件，一般来说，前科也是酌定的从重情节，这便是前科的刑法后果。

五、复权

（一）复权的概念

复权在英美法中是指对犯罪人的改造和再教育。自从法国立法规定复权制度之后，就被许多国家所引进，但由于各国法制环境以及历史和文化差异，或者是语言及翻译方面的原因，对复权的理解不尽相同。

现代复权制度起源自法国，法国复权制度脱胎于最开始的赦免制度，从具有赦免性质的复权即法律上的复权到裁判上的复权。法国刑法理论认为，复权是指恢复因受有罪宣告而丧失的法律地位的制度，当受刑人已经改过自新（所受刑罚已经执行完毕或经赦免），达到法律规定的条件时，消灭被判刑人丧失权利或能力的这一状态，被判刑人恢复权利，受刑人重新获得被判刑前的法律地位。并将复权分为法律上的复权和裁判上的复权。

德国刑法理论认为，刑罚的否定性评价使被判刑者在刑罚执行完毕很长一段时间内对被判刑人造成压力，加之因刑罚而可能丧失的权利和名誉，使其社会地位降低，不利其再社会化。于是在特定的先决条件下，重新赋予被判刑人因被判刑而丧失的资格或权利，此为"恢复原状"，也即复权。

意大利刑法理论对复权制度也有论述，它将复权看成是一种消除附加刑和其他有罪判决后果的措施。和其他国家一样，它也主张经过法定期间才可以复权。其次，意大利刑法典将"免刑性赦免和特赦"与"复权"作为消除刑罚的原因而置于相同地位。

国内学者大多认为，复权就是对被宣告资格刑的犯罪人，当其具备法律规定的条件时，审判机关提前恢复其被剥夺的权利或资格的制度。

（二）复权的特征

从目前的研究成果来看，学者们一般从三个方面概括复权的基本特征，但是在具体表述上存在较大差异，其观点如下：

第一种观点认为，复权制度具有以下基本特征：首先，适用对象是因受资格刑宣告而丧失一定权利或资格的犯罪分子；其次，适用时间为犯罪分子因受资格刑的宣告而丧失权利或资格的期限尚未届满时；最后，法律效果是使犯罪分子因受资格刑宣告而丧失的权利或资格提前得以恢复。犯罪人复权后又犯罪的，不能因复权而阻却累犯的构成。①

第二种观点认为，复权的三个特征分别是：适用对象的法定性——只适用于因受资格刑宣告而丧失一定权利或资格的犯罪人；适用条件的法定性——罪质条件、刑罚条件、实质性条件、时间条件；适用程序的严格性。②

第三种观点认为，复权的基本特征为：一是适用对象的特定性，即因受资格刑宣告而丧失一定权利或资格的犯罪分子；二是适用条件的法定性，即复权具体适用的时间和程序以及适用主体都是由法律明确规定的；三是适用效果不溯及既往，即复权的效果是使犯罪分子因受资格刑宣告而丧失的权利或资格提前得以恢复，犯罪人复权后又犯罪的，不能因复权而阻却累犯的构成。③

我国现行刑法没有严格意义上的复权制度，刑法第五十七条第二款对普通减刑的规定中关于资格刑的调整也非复权。因此，在我国刑法领域中构建复权制度仍然是一个全新的命题和任务。

拓展阅读

复权制度的起源

近代的复权制度由17世纪后半期法国国王的恩赦权发展而来，即受刑者在刑罚执行完毕并承担赔偿责任后，国王的恩赦行为使受刑者丧失的市民权及荣誉等从被污辱中解放出来，而这种作为国王的恩赦权之一的复权行为在1781年被废止，从此复权的决定权移交给法院。由此可见，最初的复权并没有脱离封建专制特权的痕迹，其从本质上来讲，仍然是国王的一种封建特权，复权的对象也较为狭窄，仅为市民权和荣誉。但是，法国的这种做法却开了复权制度的先河。

随后，像所有法律制度的发展历程一样，法国复权制度的发展经历了一个缓慢的发展过程，在取消了国王的赦免权以后，1791年《法国刑法典》将复权的请求权委托给法院，但复权作为赦免行为的特征丝毫没有改变：因为法院不必按照特定的法律条件，来对被处刑者的复权请求做出裁决，而是根

① 马克昌：《刑罚通论》，第716页，武汉，武汉大学出版社，1999。

② 刘德法、王冠：《论刑法中的复权制度》，《河南师范大学学报》，2003年第6期。

③ 景阿锋：《建立我国复权制度的构想》，《辽宁行政学院学报》，2008年第6期。

据镇议会的有权威的建议，经过自由裁量，认为被处罚者经过10年无可指责的表现之后是否适合复权，复权的效果在于完全取消判决。而在1808年的《法国刑事诉讼法典》中，复权仅仅是适用于施体刑或加辱刑的措施，即复权的效果重新被限定在消除降低的名誉上。1832年法国法律将复权扩大适用于轻罪刑罚。但是当事人是否能够复权仍然恢复为由皇帝决定，上诉法院刑事庭仅仅可以提出意见，获得复权可以停止被判刑人因有罪判决所引起的“无能力处分”，但有罪判决仍然存在。从本质上来讲，这种复权是一种有司法保证的从刑特赦。

在法国，促使复权制度真正具备现代复权制度形态的是参议员贝热朗，他认为既然复权的目的在于有利于受刑人的改造，那么复权的先决条件不应当过于严厉，同时，作为复权的效果应当完全消除被判刑的污点。1885年8月4号的法律充分考虑到了贝热朗的改革建议：“恢复权利、消除裁判，且终止因审判而生之所有权利的丧失。”同样是在贝热朗的影响下，复权的进一步发展是与犯罪登记的规定联系在一起的。

1899年8月5日的法律规定，相对于犯罪登记中记载的、与特定的根据刑罚严重程度分级的期限的经过相联系的刑法而言，只要被处罚者在此期间没犯新罪，则自动复权。至此，法国法中的复权已经具备了现代复权制度的基本形态。①

① 刘进：《论刑法中的复权制度》，湖南大学法学硕士论文，2012年4月。

附 录

附录一：中世纪20种最残酷刑罚

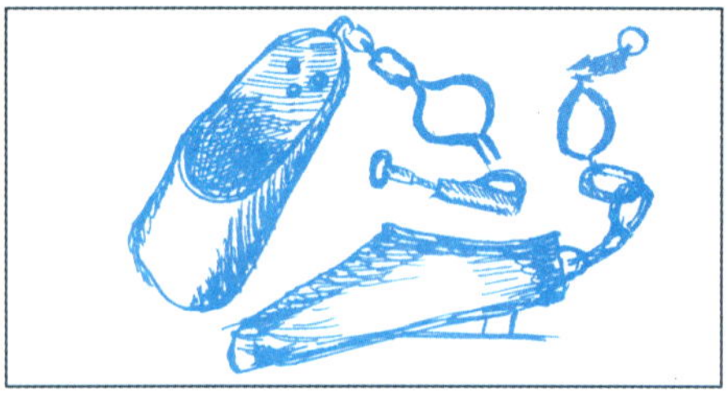

惩治鞋

鞋子常常结合头手枷（站立时枷住头部和手腕的一种装置）使用。只要脚趾支撑不住身体，鞋跟上的钢针就会刺入脚跟。

邪教尖叉

邪教尖叉是一个酷刑装置。一个两头带尖叉的金属棒，由一条皮带固定在颈部，一头插入下颏，另一头直指胸骨。只有伸长颈部，才会减少痛苦。此刑具会造成巨大的痛苦。四个叉点位于下颏和胸骨之间的设计，让受刑人有足够运动幅度开口招供。

浸河

主要针对妇女，将其浸入河内、大桶或池塘内，多用于惩罚骂街妇女和巫婆。浸了一段时间后，给予招供的机会。如果她供述，就被打死；如果她不招供，就再次被浸河。这一过程通常是反复实施直至受刑者溺毙或放弃此种刑罚，让自己被另一种方法处死（上吊，或烧死〈很少用〉）。

受刑者的腿被置于两块厚木板之间再用绳子束紧。拷问者在绳子间用锤子猛烈地向下打入楔子。每打入一次楔子，楔尖部位的胫骨就被粉碎。该刑罚至少要在腿的上下两侧打入12根楔子。当木靴子拆除后，骨头碎片就像装在一条松垮的袋子里一般。

木靴子

这是所列欧洲酷刑中唯一一个非中世纪的项目。水刑是二战期间日本战俘警卫队最喜欢的刑罚。如果受刑者是首次受刑，必将用铁丝网和抹布封住他的嘴。接着，警卫将蛇管插入受刑人的鼻子里往里灌水来膨胀腹部。水灌完后，警卫将猛踢受刑者的腹部，直到他的胃部爆裂，接下来就是死亡了。

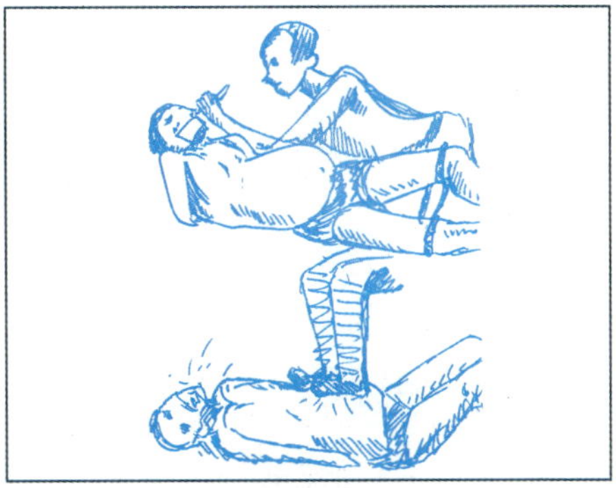

水刑

使用起来很简单，就是慢慢地往下撕肉，很多时候，所有肉都被撕下来，而露着骨头。

猫爪

看起来就像是：捆紧手脚往相反的方向拉你的身体，直到你的四肢慢慢地从关节连接处脱出来。

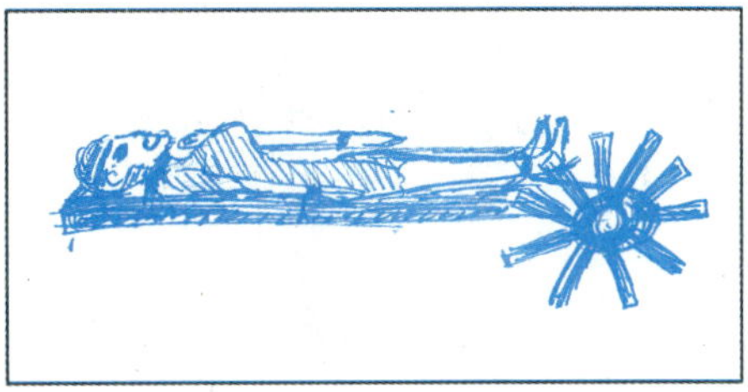

拉架

四马分尸

四马分尸是拉架的更高一级刑罚方式，只用于凶杀犯和那些企图杀害贵族或皇室成员的犯人。囚犯的四个手脚分别被捆绑，由四匹马同时向四个方向拉，瞬间即可分尸。

开花梨

根据受刑者的性别将梨在闭合状态下插入肛门或阴道，然后用手摇动使梨开花直到使人感到相当难受。

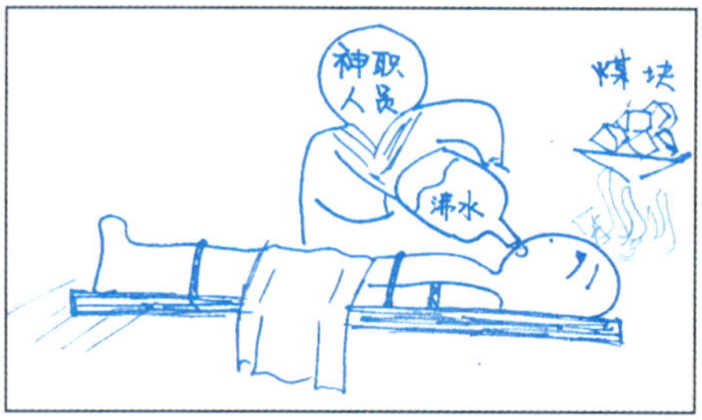

清洗灵魂

在许多天主教国家，神职人员认为，如果强迫一个灵魂邪恶的人吃下去沸腾的热水或燃烧的煤块或二者都吃，他的腐败的灵魂就能得到清洗。当然，这要在没有因他的罪行而受罚之前进行，一种“温暖的刑罚”，如果你愿意。

吊笼

大部分使用吊笼的犯人是完全赤裸地暴露在极端寒冷或炎热的环境中。而且多数处吊笼刑罚的犯人通常都是在进行了其他刑罚以后才被吊在这里。从受刑者留在牢笼中，直到他被吊死或渴死，可能需要数周时间。

用碎头机执行死刑通常是这样的：牙齿挤入牙槽内，周边颚骨破碎。然后眼睛从眼窝射出，脑浆从耳朵喷出来。令人难以置信的是，许多国家仍使用同一版本的碎头机，作为当今的审讯工具。

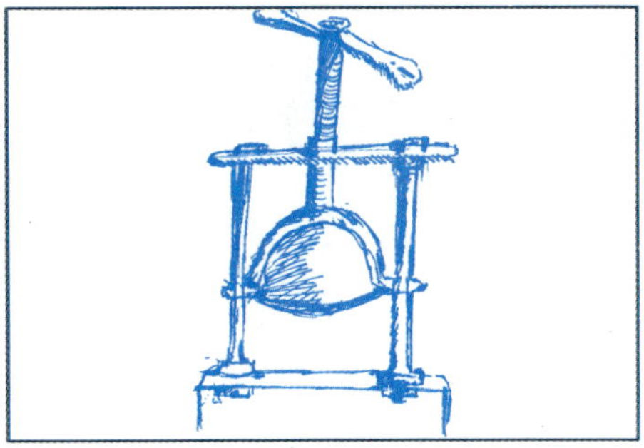

碎头机

最爱用于那些被指控犯有亵神罪的巫婆。神职人员认为，焚烧一个巫婆可永久消灭她在有形世界的邪灵，从而消除可能发生的任何进一步对无辜灵魂的污染。

在柱子上火烧

受刑人被悬挂上述金字塔尖状物的上部慢慢降低，塔尖插进裆部。链子的松紧取决于刽子手的心情，他可以控制受刑者的体重是否全部作用于这一个点上。

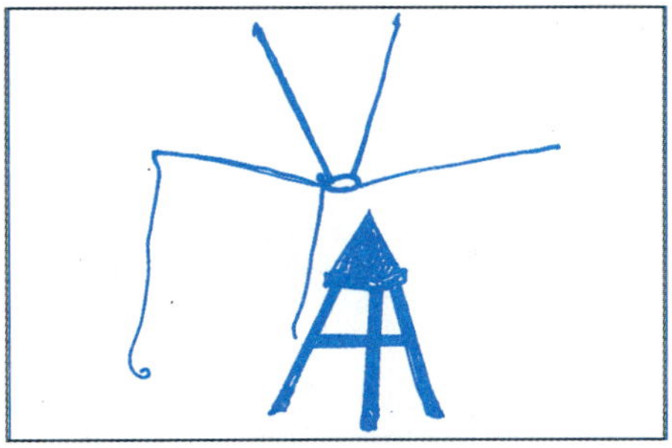

犹大尖凳

刀凳是犹大尖凳的变种。

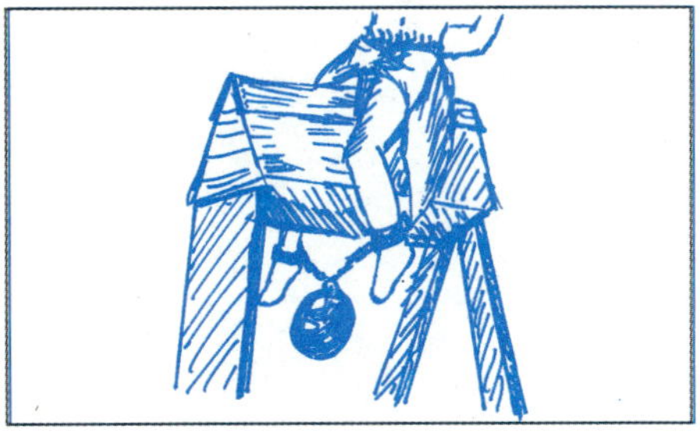

刀凳

铁娘子

以下 1515 年 8 月 14 日第一次使用铁娘子的记录："伪造的硬币放在里面，门被缓缓关闭，从而尖锐的钢针从几个部位刺入他的胳膊、腿、腹部、胸部、膀胱、大腿跟、眼、肩膀和屁股中，但不足以杀死他，所以他巨声喊叫和哭号了两天后，他死了。"

审讯椅

不仅有数以百计的微小钉尖让人感到难以坐住，通常还在下面点火将铁椅子烤到一个可怕的烫伤热度。

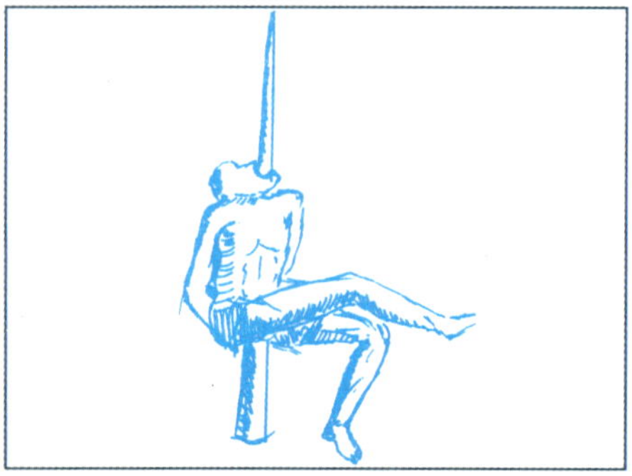

刺刑

这是中世纪在阿尔及尔、突尼斯、的黎波里对叛国者标准的处罚形式。一旦这根长刺从受刑者的肛门插入，再从他的嘴或咽喉里穿出，受刑者可以这个状态活一天以上，并在烂泥中爬行，供大家观赏。

锯刑

锯刑可能代表了人类聪明才智的最黑暗的时刻。其行刑方式是，让受刑者倒吊下来，大部分的血液涌向头部，头部因此得到充分的氧气，在锯到肚脐的位置前，有时锯到上腹部前，犯人的意识都非常清醒，可以避免血流失过快而死。

轮刑仅次于吊笼，在中世纪时期的德国是最常见的刑罚形式。受刑者（通常是赤裸的）的四肢分开绑在地上。木制辐条分别对应各主要关节，如手腕，脚踝，膝盖，臀部和肩膀。行刑者用沉重的包铁的轮子打断四肢和关节。等四肢的骨骼分别打碎，和血、肉混成绵软状态后，四肢被编到轮子的辐条上，然后正面朝外悬挂展示。痛苦的受刑者将继续保持该状态数日。

轮刑

附录二：中国古代刑罚

照面拍板

凿颠之刑

悬空吊刑

铁针掐指

悬空吊刑

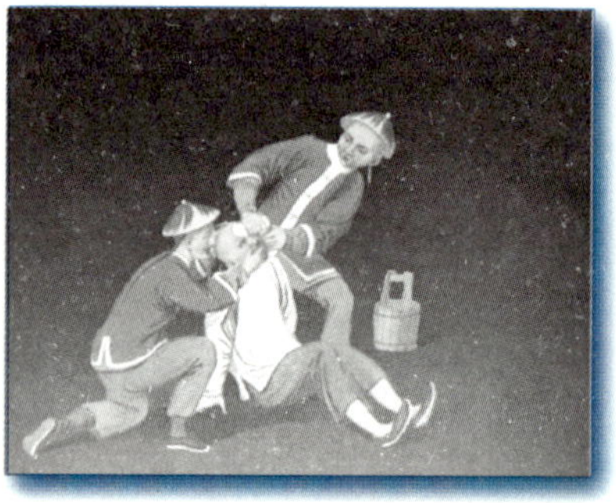
铁针掐指

竹桥渡仙

凌迟刑

快刀斩首

滚钉板

弓箭射耳

板子廷杖

戴枷行走

黄金满罐

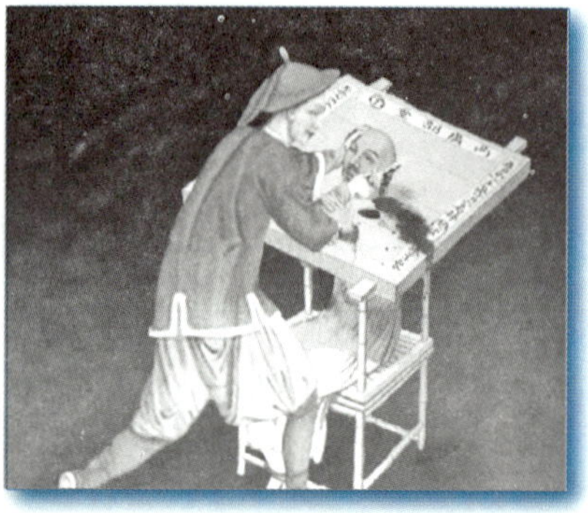

割耳刑罚

充军发配

火烧铁笼

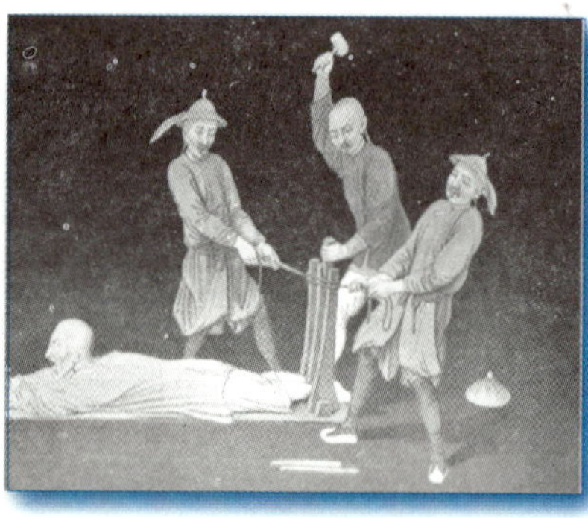

机架夹足

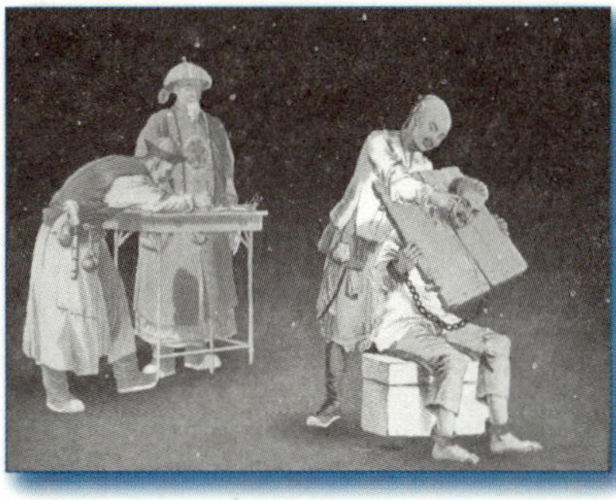

髡刑

老虎凳

立笼示众

戮尸鞭尸

挑断脚筋

游街示众

附录三：中国法院最新量刑标准

量刑调节比例

量刑情节	调节基准刑比例
14—16 岁犯罪	减 30—60%
16—18 岁犯罪	减 10—50%
未遂犯	减 50%
从犯	减 20—50% 或以上
自首	减 40% 以下或 40% 以或免除处罚
一般立功	减 20%
重大立功	减 20—50%
坦白	减 20% 以下
当庭认罪	减 10% 以下
退赃退赔	减 30% 以下
取得被害人谅解	减 20%
累犯	增 10—40%
有劣迹	增 10% 以下
被害人为未成年人、老人、残疾人、妊妇等	增 20% 以下
重大灾害疫情期犯罪	增 20% 以下

常见犯罪量刑

罪名和情节	量刑起点	基准刑	宣告刑
1、交通肇事罪			
一般情节	0.5 月 ~2 年	根据责任后果程度等确定	自由裁量
逃逸	3~4 年	同上	
逃逸致 1 人死	7~8 年	同上	
2、故意伤害罪			
致 1 人轻伤	0.5~1.5 年		
致 1 人重伤	3~4 年		

手段特别残忍 致1人重伤6级残疾	10~12年		
致死1人	10~15年	无期除外	
在起点刑上，根据伤亡后果伤残等级手段残忍度等 增加刑罚量，确定基准刑			
雇佣他人伤害		增20%以下	
婚姻邻里纠纷导致		减20%以下	
被害人过错		减20%以下	
积极抢救被害人		减20%以下	
3、强奸罪			
1人1次	3~5年		
情节恶劣奸淫幼女	10~12年		
奸淫三人	10~12年		
当众强奸	10~12年		
二人以上轮奸	10~12年		
致被害人重伤	10~12年		
在起刑点上根据强奸人数次数后果等增加刑罚量 确定基准刑			
4、非法拘禁罪			
未造成伤害后果	3~6月		
致1人重伤	3~4年		
致1人死亡	10~12年		
在以上起刑点上根据拘禁人数次数时间后果增加刑罚量 确定基准刑			
具有殴打侮辱情节		加20%以下	
国家工作人员		加20%以下	
利用职务扣押拘禁			
为索取合法债务		减30%以下	
5、抢劫罪			
抢劫1次	3~5年		
入户抢劫	10~12年		
公共交通工具上 抢劫	10~12年		
抢劫银行或 其他金融机构	10~12年		
抢劫3次或 数额巨大	10~12年		
致1人重伤无残疾	10~12年		
冒充军警	10~12年		
持枪抢劫	10~12年		
抢劫军用或 救灾救济物资	10~12年		

在以上起刑点上根据拘禁人数次数时间后果 增加刑罚量确定基准刑			
6、盗窃罪			
数额较大或 一年内入室盗窃、 公共场所扒窃三次	3~6 月		
数额巨大或 情节严重	3~4 年		
数额特别巨大或 情节特别严重	10~12 年		
盗窃亲属		减 50%	
7、诈骗罪			
数额较大	3~6 月		
数额巨大或 情节严重	3~4 年		
数额特别巨大或 情节特别严重	10~12 年 无期除外		
8、抢夺罪			
数额较大	3~12 月		
数额巨大或 情节严重	3~4 年		
数额特别巨大或 情节特别严重	10~12 年 无期除外		
9、职务侵占罪			
数额较大	3~12 月		
数额巨大	5~6 年		
10、敲诈勒索罪			
数额较大	3~6 月		
数额巨大或 情节严重	3~4 年		
11、妨害公务罪			
一般情节	3~12 月		
煽动群众		增 20% 以下	
因执法不规范		减 20% 以下	
12、聚众斗殴			
一般情节	6~18 月		
聚众斗殴三次	3~4 年		
参与人数多 规模大 影响恶劣	3~4 年		

公共场所、 交通要道、 造成秩序严重混乱	3~4 年		
持械	3~4 年		
组织未成年人		增 20% 以下	
13、寻衅滋事罪			
1 次	3 年以下		
3 次	5~7 年		
14、掩饰隐瞒 犯罪所得、 犯罪收益罪			
一般情节	3~6 月		
情节严重	3~4 年		
15、走私贩卖 运输制造毒品罪			
鸦片 1 千克、 海洛因、 甲基苯丙胺 50 克	15 年		
鸦片 200 克、 海洛因、 甲基苯丙胺 10 克	7~8 年		
鸦片不满 200 克， 海洛因、 甲基苯丙胺 不满 10 克； 情节严重	3~36 月		
鸦片不满 200 克， 海洛因、 甲基苯丙胺 不满 10 克 且情节严重	3~4 年		
组织利用教唆 涉及未成年人 等特殊人群		增 30% 以下	
再犯	3~4 年		
受雇运输毒品		减 30% 以下	
毒品含量 明显偏低		减 30% 以下	
存在数量 引诱情形		减 30% 以下	

附：基本概念

量刑起点：根据基本犯罪构成事实在相应的法定刑幅度内确定的量刑点。

基准刑：根据犯罪数额、次数、后果在量刑起点的基础上增加的刑罚量。

宣告刑：根据量刑情节调节基准刑，综合全案确定并依法宣告的实际刑罚。

因移动终端屏幕大小区别，某些设备中表格显示可能欠缺美观，请海涵。

最高人民法院《关于常见犯罪的量刑指导意见》(2014)

为进一步规范刑罚裁量权，落实宽严相济刑事政策，增强量刑的公开性，实现量刑公正，根据刑法和刑事司法解释等有关规定，结合审判实践，制定本指导意见。

一、量刑的指导原则

1. 量刑应当以事实为根据，以法律为准绳，根据犯罪的事实、性质、情节和对于社会的危害程度，决定判处的刑罚。

2. 量刑既要考虑被告人所犯罪行的轻重，又要考虑被告人应负刑事责任的大小，做到罪责刑相适应，实现惩罚和预防犯罪的目的。

3. 量刑应当贯彻宽严相济的刑事政策，做到该宽则宽，当严则严，宽严相济，罚当其罪，确保裁判法律效果和社会效果的统一。

4. 量刑要客观、全面把握不同时期不同地区的经济社会发展和治安形势的变化，确保刑法任务的实现；对于同一地区同一时期、案情相似的案件，所判处的刑罚应当基本均衡。

二、量刑的基本方法

量刑时，应在定性分析的基础上，结合定量分析，依次确定量刑起点、基准刑和宣告刑。

1. 量刑步骤

(1) 根据基本犯罪构成事实在相应的法定刑幅度内确定量刑起点；

(2) 根据其他影响犯罪构成的犯罪数额、犯罪次数、犯罪后果等犯罪事实，在量刑起点的基础上增加刑罚量确定基准刑；

(3) 根据量刑情节调节基准刑，并综合考虑全案情况，依法确定宣告刑。

2. 调节基准刑的方法

(1) 具有单个量刑情节的，根据量刑情节的调节比例直接调节基准刑。

(2) 具有多个量刑情节的，一般根据各个量刑情节的调节比例，采用同向相加、逆向相减的方法调节基准刑；具有未成年人犯罪、老年人犯罪、限制行为能力的精神病人犯罪、又聋又哑的人或者盲人犯罪，防卫过当、避险过当、犯罪预备、犯罪未遂、犯罪中止，从犯、胁从犯和教唆犯等量刑情节的，先适用该量刑情节对基准刑进行调节，在此基础上，再适用其他量刑情节进行调节。

（3）被告人犯数罪，同时具有适用于各个罪的立功、累犯等量刑情节的，先适用该量刑情节调节个罪的基准刑，确定个罪所应判处的刑罚，再依法实行数罪并罚，决定执行的刑罚。

3．确定宣告刑的方法

（1）量刑情节对基准刑的调节结果在法定刑幅度内，且罪责刑相适应的，可以直接确定为宣告刑；如果具有应当减轻处罚情节的，应依法在法定最低刑以下确定宣告刑。

（2）量刑情节对基准刑的调节结果在法定最低刑以下，具有法定减轻处罚情节，且罪责刑相适应的，可以直接确定为宣告刑；只有从轻处罚情节的，可以依法确定法定最低刑为宣告刑；但是根据案件的特殊情况，经最高人民法院核准，也可以在法定刑以下判处刑罚。

（3）量刑情节对基准刑的调节结果在法定最高刑以上的，可以依法确定法定最高刑为宣告刑。

（4）综合考虑全案情况，独任审判员或合议庭可以在20%的幅度内对调节结果进行调整，确定宣告刑。当调节后的结果仍不符合罪责刑相适应原则的，应提交审判委员会讨论，依法确定宣告刑。

（5）综合全案犯罪事实和量刑情节，依法应当判处无期徒刑以上刑罚、管制或者单处附加刑、缓刑、免刑的，应当依法适用。

三、常见量刑情节的适用

量刑时要充分考虑各种法定和酌定量刑情节，根据案件的全部犯罪事实以及量刑情节的不同情形，依法确定量刑情节的适用及其调节比例。对严重暴力犯罪、毒品犯罪等严重危害社会治安犯罪，在确定从宽的幅度时，应当从严掌握；对犯罪情节较轻的犯罪，应当充分体现从宽。具体确定各个量刑情节的调节比例时，应当综合平衡调节幅度与实际增减刑罚量的关系，确保罪责刑相适应。

1．对于未成年人犯罪，应当综合考虑未成年人对犯罪的认识能力、实施犯罪行为的动机和目的、犯罪时的年龄、是否初犯、偶犯、悔罪表现、个人成长经历和一贯表现等情况，予以从宽处罚。

（1）已满14周岁不满16周岁的未成年人犯罪，减少基准刑的30%～60%；

（2）已满16周岁不满18周岁的未成年人犯罪，减少基准刑的10%～50%。

2. 对于未遂犯，综合考虑犯罪行为的实行程度、造成损害的大小、犯罪未得逞的原因等情况，可以比照既遂犯减少基准刑的 50% 以下。

3. 对于从犯，应当综合考虑其在共同犯罪中的地位、作用，以及是否实施犯罪行为等情况，予以从宽处罚，减少基准刑的 20% ~ 50%；犯罪较轻的，减少基准刑的 50% 以上或者依法免除处罚。

4. 对于自首情节，综合考虑自首的动机、时间、方式、罪行轻重、如实供述罪行的程度以及悔罪表现等情况，可以减少基准刑的 40% 以下；犯罪较轻的，可以减少基准刑的 40% 以上或者依法免除处罚。恶意利用自首规避法律制裁等不足以从宽处罚的除外。

5. 对于立功情节，综合考虑立功的大小、次数、内容、来源、效果以及罪行轻重等情况，确定从宽的幅度。

（1）一般立功的，可以减少基准刑的 20% 以下；

（2）重大立功的，可以减少基准刑的 20% ~ 50%；犯罪较轻的，减少基准刑的 50% 以上或者依法免除处罚。

6. 对于坦白情节，综合考虑如实供述罪行的阶段、程度、罪行轻重以及悔罪程度等情况，确定从宽的幅度。

（1）如实供述自己罪行的，可以减少基准刑的 20% 以下；

（2）如实供述司法机关尚未掌握的同种较重罪行的，可以减少基准刑的 10% ~ 30%；

（3）因如实供述自己罪行，避免特别严重后果发生的，可以减少基准刑的 30% ~ 50%。

7. 对于当庭自愿认罪的，根据犯罪的性质、罪行的轻重、认罪程度以及悔罪表现等情况，可以减少基准刑的 10% 以下。依法认定自首、坦白的除外。

8. 对于退赃、退赔的，综合考虑犯罪性质，退赃、退赔行为对损害结果所能弥补的程度，退赃、退赔的数额及主动程度等情况，可以减少基准刑的 30% 以下；其中抢劫等严重危害社会治安犯罪的应从严掌握。

9. 对于积极赔偿被害人经济损失并取得谅解的，综合考虑犯罪性质、赔偿数额、赔偿能力以及认罪、悔罪程度等情况，可以减少基准刑的 40% 以下；积极赔偿但没有取得谅解的，可以减少基准刑的 30% 以下；尽管没有赔偿，但取得谅解的，可以减少基准刑的 20% 以下；其中抢劫、强奸等严重危害社会治安犯罪的应从严掌握。

10. 对于当事人根据刑事诉讼法第 277 条达成刑事和解协议的，综合考虑犯罪性质、赔偿数额、赔礼道歉以及真诚悔罪等情况，可以减少基准刑的 50% 以下；犯罪较轻的，可以减少基准刑的 50% 以上或者依法免除处罚。

11．对于累犯，应当综合考虑前后罪的性质、刑罚执行完毕或赦免以后至再犯罪时间的长短以及前后罪罪行轻重等情况，增加基准刑的10% ~ 40%，一般不少于3个月。

12．对于有前科的，综合考虑前科的性质、时间间隔长短、次数、处罚轻重等情况，可以增加基准刑的10%以下。前科犯罪为过失犯罪和未成年人犯罪的除外。

13．对于犯罪对象为未成年人、老年人、残疾人、孕妇等弱势人员的，综合考虑犯罪的性质、犯罪的严重程度等情况，可以增加基准刑的20%以下。

14．对于在重大自然灾害、预防、控制突发传染病疫情等灾害期间犯罪的，根据案件的具体情况，可以增加基准刑的20%以下。

四、常见犯罪的量刑

（一）交通肇事罪

2000年《最高人民法院关于审理交通肇事刑事案件具体应用法律若干问题的解释》

1．构成交通肇事罪的，可以根据下列不同情形在相应的幅度内确定量刑起点：

（1）致人重伤、死亡或者使公私财产遭受重大损失的，可以在二年以下有期徒刑、拘役幅度内确定量刑起点。

（2）交通运输肇事后逃逸或者有其他特别恶劣情节的，可以在三年至五年有期徒刑幅度内确定量刑起点。

（3）因逃逸致一人死亡的，可以在七年至十年有期徒刑幅度内确定量刑起点。

2．在量刑起点的基础上，可以根据事故责任、致人重伤、死亡的人数或者财产损失的数额以及逃逸等其他影响犯罪构成的犯罪事实增加刑罚量，确定基准刑。

（二）故意伤害罪

1．构成故意伤害罪的，可以根据下列不同情形在相应的幅度内确定量刑起点：

（1）故意伤害致一人轻伤的，可以在二年以下有期徒刑、拘役幅度内确定量刑起点。

（2）故意伤害致一人重伤的，可以在三年至五年有期徒刑幅度内确定量刑起点。

（3）以特别残忍手段故意伤害致一人重伤，造成六级严重残疾的，可以在十年至十三年有期徒刑幅度内确定量刑起点。依法应当判处无期徒刑以上刑罚的除外。

2. 在量刑起点的基础上，可以根据伤害后果、伤残等级、手段残忍程度等其他影响犯罪构成的犯罪事实增加刑罚量，确定基准刑。

故意伤害致人轻伤的，伤残程度可在确定量刑起点时考虑，或者作为调节基准刑的量刑情节。

（三）强奸罪

1. 构成强奸罪的，可以根据下列不同情形在相应的幅度内确定量刑起点：

（1）强奸妇女一人的，可以在三年至五年有期徒刑幅度内确定量刑起点。

奸淫幼女一人的，可以在四年至七年有期徒刑幅度内确定量刑起点。

（2）有下列情形之一的，可以在十年至十三年有期徒刑幅度内确定量刑起点：强奸妇女、奸淫幼女情节恶劣的；强奸妇女、奸淫幼女三人的；在公共场所当众强奸妇女的；二人以上轮奸妇女的；强奸致被害人重伤或者造成其他严重后果的。依法应当判处无期徒刑以上刑罚的除外。

2. 在量刑起点的基础上，可以根据强奸妇女、奸淫幼女情节恶劣程度、强奸人数、致人伤害后果等其他影响犯罪构成的犯罪事实增加刑罚量，确定基准刑。

强奸多人多次的，以强奸人数作为增加刑罚量的事实，强奸次数作为调节基准刑的量刑情节。

（四）非法拘禁罪

1. 构成非法拘禁罪的，可以根据下列不同情形在相应的幅度内确定量刑起点：

（1）犯罪情节一般的，可以在一年以下有期徒刑、拘役幅度内确定量刑起点。

（2）致一人重伤的，可以在三年至五年有期徒刑幅度内确定量刑起点。

（3）致一人死亡的，可以在十年至十三年有期徒刑幅度内确定量刑起点。

2. 在量刑起点的基础上，可以根据非法拘禁人数、拘禁时间、致人伤亡后果等其他影响犯罪构成的犯罪事实增加刑罚量，确定基准刑。

非法拘禁多人多次的，以非法拘禁人数作为增加刑罚量的事实，非法拘禁次数作为调节基准刑的量刑情节。

3. 有下列情节之一的，可以增加基准刑的10%～20%：

（1）具有殴打、侮辱情节的（致人重伤、死亡的除外）；

（2）国家机关工作人员利用职权非法扣押、拘禁他人的。

（五）抢劫罪

1. 构成抢劫罪的，可以根据下列不同情形在相应的幅度内确定量刑起点：

（1）抢劫一次的，可以在三年至六年有期徒刑幅度内确定量刑起点。

（2）有下列情形之一的，可以在十年至十三年有期徒刑幅度内确定量刑起点：入户抢劫的；在公共交通工具上抢劫的；抢劫银行或者其他金融机构的；抢劫三次或者抢劫数额达到数额巨大起点的；抢劫致一人重伤的；冒充军警人员抢劫的；持枪抢劫的；抢劫军用物资或者抢险、救灾、救济物资的。依法应当判处无期徒刑以上刑罚的除外。

2. 在量刑起点的基础上，可以根据抢劫情节严重程度、抢劫次数、数额、致人伤害后果等其他影响犯罪构成的犯罪事实增加刑罚量，确定基准刑。

（六）盗窃罪

1. 构成盗窃罪的，可以根据下列不同情形在相应的幅度内确定量刑起点：

（1）达到数额较大起点的，或者一年内入户盗窃或者在公共场所扒窃三次的，可以三个月拘役至六个月有期徒刑幅度内确定量刑起点。

（2）达到数额巨大起点或者有其他严重情节的，可以在三年至四年有期徒刑幅度内确定量刑起点。

（3）达到数额特别巨大起点或者有其他特别严重情节的，可以在十年至十二年有期徒刑幅度内确定量刑起点。

2. 在量刑事起点的基础上，可以根据盗窃数额、次数、手段等犯罪事实增加刑罚量，确定基准刑：

（1）盗窃数额每增加 1000 元，可以增加一个月至二个月刑期；

（2）多次盗窃的，可以增加两个月到六个月刑期；

（3）盗窃他人必需的生产、生活资料，严重影响他人生产、生活的，可以增加两个月至六个月刑期。

3. 盗窃近亲属财物的，可以减少基准刑的 50% 以下。不作犯罪处理的除外。

4. 盗窃增值税专用发票或者可以用于骗取出口退税、抵扣税款的其他发票和盗窃珍贵文物等物品的，依照有关法律、司法解释办理。

（七）诈骗罪

1. 构成诈骗罪的，可以根据下列不同情形在相应的幅度内确定量刑起点：

（1）达到数额较大起点的，可以在三个月拘役至六个月有期徒刑幅度内确定量刑起点。

（2）达到数额巨大起点或者有其他严重情节的，可以在三年至四年有期徒刑幅度内确定量刑起点。

（3）达到数额特别巨大的，或者具有以下情节之一的，可以在十年至十二年有期徒刑幅度内确定量刑起点，依法应当判处无期徒刑的除外：(1) 诈骗集团的首要分子或者共同诈骗犯罪中情节严重的主犯；(2) 多次诈骗或者流窜作案危害严重的；(3) 诈骗法人、其他组织或者个人急需的生产资料，严重影响生产或者造成其他严重损失的；(4) 诈骗救灾、抢险、防汛、优抚、救济、医疗款物，造成严重后果的；(5) 挥霍诈骗的财物，致使诈骗的财物无法返还的；(6) 使用诈骗的财物进行违法犯罪活动的；(7) 曾因诈骗受过刑事处罚的；(8) 导致被害人死亡、精神失常或者其他后果的；(9) 具有其他严重情节的。

2. 在量刑起点的其他上，可以根据诈骗数额、次数和其他犯罪情节的严重程度增加刑罚量确定基准刑：

（1）诈骗数额未达到数额巨大起点的，每增加 2000 元，可以增加一个月至二个月刑期；

（2）诈骗数额达到数额巨大起点的，每增加 10000 元，可以增加六个月至一年刑期；或者每增加具有 1 条（3）项情形之一的，可以增加六个月至一年刑期。

（3）诈骗数额达到特别巨大起点的，每增加 50000 元，可以增加一年至一年六个月刑期。或者每增加具有 1 条（3）项情形之一的，可以增加六个月至二年刑期。

3. 诈骗近亲属财物的，可以减少基准刑的 50% 以下。

（八）抢夺罪

1. 构成抢夺罪的，可以根据下列不同情形在相应的幅度内确定量刑起点：

（1）达到数额较大起点的，可以在一年以下有期徒刑、拘役幅度内确定量刑起点。

（2）达到数额巨大起点或者有其他严重情节的，可以在三年至四年有期徒刑幅度内确定量刑起点。

（3）达到数额特别巨大起点或者有其他特别严重情节的，可以在十年至十二年有期徒刑幅度内确定量刑起点。依法应当判处无期徒刑的除外。

2. 在量刑起点的基础上，可以根据抢夺数额等其他影响犯罪构成的犯罪事实增加刑罚量，确定基准刑。

（九）职务侵占罪

1. 构成职务侵占罪的，可以根据下列不同情形在相应的幅度内确定量刑起点：

（1）达到数额较大起点的，可以在二年以下有期徒刑、拘役幅度内确定量刑起点。

（2）达到数额巨大起点的，可以在五年至六年有期徒刑幅度内确定量刑起点。

2. 在量刑起点的基础上，可以根据职务侵占数额等其他影响犯罪构成的犯罪事实增加刑罚量，确定基准刑。

（十）敲诈勒索罪

1. 构成敲诈勒索罪的，可以根据下列不同情形在相应的幅度内确定量刑起点：

（1）敲诈数额达到较大起点的，可以在三个月拘投至六个月有期徒刑幅度内确定量刑起点。

（2）敲诈数额达到巨大起点或者有其他严重情节的，可以在三年至四年有期徒刑幅度内确定量刑起点。

2. 在量刑起点的基础上，可以根据敲诈勒索的数额、次数、手段、致人伤害后果等犯罪事实增加刑罚量，确定基准刑：

（1）多次敲诈，可以增加六个月至一年刑期；

（2）敲诈数额达到较大起点的，每增加 2000 元，可以增加一个月至二个月刑期；

（3）敲诈数额达到巨大起点的，每增加 30000 元，可增加一年至二年刑期。

（十一）妨害公务罪

1. 构成妨害公务罪的，可以在三个月至一年有期徒刑幅度内确定量刑起点。

2. 在量刑起点的基础上，可以根据妨害公务造成的后果等犯罪事实增加刑罚量，确定基准刑。

3. 煽动群众阻碍依法执行职务、履行职责的，可以增加基准刑的 20% 以下。

4. 因执行公务行为不规范而导致妨害公务犯罪的，可以减少基准刑的 20% 以下。

（十二）聚众斗殴罪

1. 构成聚众斗殴罪的，可以根据下列不同情形在相应的幅度内确定量刑起点：

（1）犯罪情节一般的，可以在二年以下有期徒刑、拘役幅度内确定量刑起点。

（2）有下列情形之一的，可以在三年至五年有期徒刑幅度内确定量刑起点：聚众斗殴三次的；聚众斗殴人数多，规模大，社会影响恶劣的；在公共场所或者交通要道聚众斗殴，造成社会秩序严重混乱的；持械聚众斗殴的。

2. 在量刑起点的基础上，可以根据聚众斗殴人数、次数、手段严重程度等其他影响犯罪构成的犯罪事实增加刑罚量，确定基准刑。

（十三）寻衅滋事罪

《最高人民法院、最高人民检察院关于办理寻衅滋事刑事案件适用法律若干问题的解释》

1. 构成寻衅滋事罪的，可以根据下列不同情形在相应的幅度内确定量刑起点：

（1）寻衅滋事一次的，可以在三年以下有期徒刑、拘役幅度内确定量刑起点。

（2）纠集他人三次寻衅滋事（每次都构成犯罪），严重破坏社会秩序的，可以在五年至七年有期徒刑幅度内确定量刑起点。

2. 在量刑起点的基础上，可以根据寻衅滋事次数、伤害后果、强拿硬要他人财物或任意损毁、占用公私财物数额等其他影响犯罪构成的犯罪事实增加刑罚量，确定基准刑。

（十四）掩饰、隐瞒犯罪所得、犯罪所得收益罪

1. 构成掩饰、隐瞒犯罪所得、犯罪所得收益罪的，可以根据下列不同情形在相应的幅度内确定量刑起点：

（1）犯罪情节一般的，可以在一年以下有期徒刑、拘役幅度内确定量刑起点。

（2）情节严重的，可以在三年至四年有期徒刑幅度内确定量刑起点。

2. 在量刑起点的基础上，可以根据犯罪数额等其他影响犯罪构成的犯罪事实增加刑罚量，确定基准刑。

（十五）走私、贩卖、运输、制造毒品罪

1. 构成走私、贩卖、运输、制造毒品罪的，可以根据下列不同情形在相应的幅度内确定量刑起点：

（1）走私、贩卖、运输、制造鸦片一千克，海洛因、甲基苯丙胺五十克或者其他毒品数量达到数量大起点的，量刑起点为十五年有期徒刑。依法应当判处无期徒刑以上刑罚的除外。

（2）走私、贩卖、运输：制造鸦片二百克，海洛因、甲基苯丙胺十克或者其他毒品数量达到数量较大起点的，可以在七年至八年有期徒刑幅度内确定量刑起点。

（3）走私、贩卖、运输、制造鸦片不满二百克，海洛因、甲基苯丙胺不满十克或者其他少量毒品的，可以在三年以下有期徒刑、拘役幅度内确定量刑起点；情节严重的，可以在三年至四年有期徒刑幅度内确定量刑起点。

2．在量刑起点的基础上，可以根据毒品犯罪次数、人次、毒品数量等其他影响犯罪构成的犯罪事实增加刑罚量，确定基准刑。

3．有下列情节之一的，可以增加基准刑的 10% ~ 30%：

（1）利用、教唆未成年人走私、贩卖、运输、制造毒品的；

（2）向未成年人出售毒品的；

（3）毒品再犯。

4．有下列情节之一的，可以减少基准刑的 30% 以下：

（1）受雇运输毒品的；

（2）毒品含量明显偏低的；

（3）存在数量引诱情形的。

五、附则

1．本指导意见仅规范上列十五种犯罪判处有期徒刑、拘役的案件。

2．各高级人民法院应当结合当地实际制定实施细则。

参考文献

1. 陈兴良 :《刑法的启蒙》，北京，法律出版社，1998。

2. 高铭暄:《刑法学原理》(第 3 卷),北京,中国人民大学出版社,2005。

3. [英] 吉米 · 边沁 :《立法理论》，李贵方等译，北京，中国人民公安大学出版社，2004。

4.《马克思恩格斯全集》第 1 卷，北京，人民出版社，1956。

5. 王觐 :《中华刑法论》，北京，中华书局，1933 年。

6.《西方伦理学名著选辑 (上)》，北京，商务印书馆，1961。

7. [德] 黑格尔 :《法哲学原理》，北京，商务印书馆，1961。

8. 陈盛清 :《外国法制史》，北京，北京大学出版社，1982。

9. 张晋藩 :《中国法制史 · 荀子 · 为政》，北京，高等教育出版，2002。

10. [荷] 格劳修斯:《法律的精神》，张艳译，北京，商务印书馆，1962。

11. [英] 霍布斯 :《英国刑法要义》，张力等译，北京，中国人民公安大学出版社，1993。

12. [法] 孟德斯鸠 :《波斯人信札》，北京，商务印书馆，1962。

13. 赵秉志:《刑法总论问题探索》,北京,法律出版社,2003 年版。

14. 孟祥沛 :《中国传统行刑文化研究》，北京，法律出版社，2009。

15. 陈兴良 :《刑法哲学》，北京，中国政法大学出版社，2003。

16. 郭建 :《獬豸的投影 : 中国的法文化》，上海，上海三联书店，2006。

17. 孟培祥 :《中国传统文化研究》，北京，法律出版社，2009。

18. 沈英甲 :《采访死亡手记》，北京，中国文联出版社，1996。

19. [法] 勒歇尔博尼埃 :《刽子手世家》，张丹彤、张放译，北京新星出版社，2010。

20. 郭建安 :《西方监狱制度概论》，北京，法律出版社，2003。

21. 孟祥沛 :《中国传统行刑文化研究》，北京，法律出版社，2009。

22. 崔建林 :《中华文化常识千讲》，长春，吉林大学出版社，2010。

23. [加] 西莉亚·布朗奇菲尔德:《刑罚的故事》,郭建安译,北京，法律出版社，2006。

24. 张铭一 :《国学知识全读本》，武汉，武汉出版社，2010。

25. 储怀植 :《美国刑法》，北京，北京大学出版社，1996。

26. [英] 休谟:《人性论》(上册),关文运译,北京,商务印书馆，1980。

27. [法]福柯:《规训与惩罚——监狱的诞生》,刘北成,杨远缨译,北京，生活·读书·新知三联书店，2007。

28. [美] 大卫·E. 杜菲 :《美国矫正政策与实践》，吴宗宪等译，北京，中国人民公安大学出版社，1992。

29. 吴宗宪 :《非监禁刑研究》，北京，中国人民公安大学出版社，2003 。

30. 袁登明 :《行刑社会化研究》，北京，中国政法大学出版社，2003 。

31. 张灏 :《中国刑法理论及实用》，台北，三民书局，1980。

32. 马克昌 :《刑罚通论》，武汉，武汉大学出版社，1999。

后记

《科学认知刑罚》是由江苏省司法警官高等职业学校组织编写的“刑事法学系列通俗读本”之一。本书以通俗的语言、图文并茂的形式解读刑罚的基本理论。除满足五年制高职在校学生教学需要以外，可作为其他不同层次刑事执行专业学生和相关专业教学辅助读本，还可作为新招录的监狱人民警察培训教材，亦可作为刑罚知识普及读物。

本书由江苏省司法警官高等职业学校讲师刘毅负责撰写第一章、第四章、第五章，张立老师负责撰写第二章、第三章。全书由江苏省司法警官高等职业学校教材编审委员会最后审定。

淮安市公安局法制支队韩建华先生、淮安市淮安区人民检察院公诉科徐成先生、江苏省司法警官高等职业学校张娉婷同学以及镇江监狱解西辉警官为本书提供了部分图片和漫画素材，在此深表感谢。特别感谢学校领导的支持和指导，也感谢江苏人民出版社戴宁宁副编审和同事的帮助。

由于学识水平有限，不足之处在所难免，敬请读者批评指正。

编　者

2014年7月

图书在版编目（CIP）数据

科学认知刑罚 / 刘毅, 张立主编. -- 南京: 江苏人民出版社, 2014.8
（刑事法学系列通俗读本）
ISBN 978-7-214-13803-3

Ⅰ.①科… Ⅱ.①刘… ②张… Ⅲ.①刑罚-研究-中国 Ⅳ.①D924.104

中国版本图书馆CIP数据核字（2014）第183449号

书　　名	科学认知刑罚
主　　编	刘　毅　张　立
出版统筹	戴宁宁
责任编辑	戴宁宁
装帧设计	陈　婴
责任监制	陈晓明
出版发行	凤凰出版传媒股份有限公司 江苏人民出版社
出版社地址	南京市湖南路 1 号 A 楼，邮编：210009
电子邮箱	http://www.jspph.com
出版社网址	http://jspph.taobao.com
经　　销	凤凰出版传媒股份有限公司
排　　版	江苏凤凰印刷数字技术有限公司
印　　刷	南京金阳彩色印刷有限公司
开　　本	718 毫米 × 1000 毫米　1 / 16
印　　张	9.5
字　　数	165 千字
版　　次	2014 年 8 月第 1 版　2014 年 8 月第 1 次印刷
标准书号	ISBN　978-7-214-13803-3
定　　价	43.00 元

（江苏人民出版社图书凡印装错误可向承印厂调换）